REDEN WIR ÜBERS STERBEN

Petra Bartoli y Eckert

REDEN WIR

Was ich auf dem Münchner Jakobsweg über Leben und Tod gelernt habe

ÜBERS STERBEN

Volk Verlag München

Die Deutsche Bibliothek verzeichnet diese Publikation in der Deutschen Nationalbibliografie; detaillierte bibliografische Daten sind im Internet über https://portal.dnb.de/ abrufbar.

© 2024 Volk Verlag München
Neumarkter Straße 23, 81673 München
Tel. 089 / 420 79 69 80; Fax: 089 / 420 79 69 86

Druck: Pustet, Regensburg
Bei der Produktion dieses Titels wurde auf umwelt-, wasser- und gesundheitsgefährdende Chemikalien bei den Druckplatten, auf mineralölhaltige bzw. schadstoffreiche Druckfarben sowie auf umwelt-, wasser- und gesundheitsgefährdende Chemikalien bei den Klebe- und Bindestoffen verzichtet.

Alle Rechte, einschließlich derjenigen des auszugsweisen Abdrucks sowie der photomechanischen Wiedergabe, vorbehalten.
ISBN 978-3-86222-507-1
www. volkverlag. de

INHALT:

9
Am Anfang über das Ende

▼

21
**VOR DEM MÜNCHNER JAKOBSWEG:
DIE SINNE GESCHÄRFT**

REGENSBURG, LANDSHUT, MÜNCHEN
*Gespräche mit Autorin Gerda Stauner, Bildhauerin Verena
Oberhollenzer und Bestatterin Lydia Gastroph*

▼

46
**ETAPPE 1+2:
SO VIEL LEBEN ÜBERALL**

MÜNCHEN – SCHÄFTLARN – ANDECHS
*Gespräche mit Trauerrednerin Regina Dalen und
mit Pater Valentin, klinischer Seelsorger*

▼

64
ETAPPE 3: AUF DAS ANDERE UFER

ANDECHS – WESSOBRUNN
Gespräch mit Astrid Jung, OP-technische Assistentin

▼

73
**ETAPPE 4+5: SICH ÜBERWINDEN
UND WEITERMACHEN**

WESSOBRUNN – ROTTENBUCH – LECHBRUCK

▼ 82
ETAPPE 6+7: DIE EIGENEN GRENZEN ERWEITERN

LECHBRUCK – MARKTOBERDORF – KEMPTEN

Gespräch mit Palliativmedizinerin Susanne Schmid

▼ 96
ETAPPE 8+9: ABSCHIEDE UND WIEDERSEHEN

KEMPTEN – WEITNAU – SIMMERBERG – SCHEIDEGG

▼ 102
ETAPPE 10: ZUM GROSSEN SEE

SCHEIDEGG – LINDAU

Gespräche mit Sargmaler Alfred Opiolka und mit Carola Wiedenroth, Friedhofsgärtnerin und Totengräberin

▼ 118
ETAPPE 11: MIT LETZTER KRAFT

LINDAU – ST. GALLEN

Gespräch mit Freitodbegleiter Dr. Andreas Stahel

▼

135
NACH DEM JAKOBSWEG: EINEN ABSCHLUSS FINDEN

MÜNCHEN – REGENSBURG

Gespräche mit Dirk Addicks, ehrenamtlicher Hospizbegleiter, mit Kabarettist und Schauspieler Gerhard Polt, mit Coach und Finanzexpertin Anja Witschel und mit Stefan Vanek, Abteilungsleiter Bestattungswesen

▼

165
Am Ende über das Leben

AM ANFANG ÜBER DAS ENDE

▼

Mit dem Tod müssen wir alle leben. Irgendwann begegnen wir ihm, weil er uns einen lieben Menschen nimmt oder weil wir selbst an der Reihe sind. Es ist schon erstaunlich: Obwohl der Tod unausweichlich ist, vermeiden wir es doch, offen darüber zu sprechen. Der Tod passt irgendwie nicht in unser durchgetaktetes, optimiertes Leben, in dem ewige Jugend, ja vielleicht sogar ein Hauch von Unsterblichkeit für viele das erklärte Ziel zu sein scheint. Es lebt sich einfach leichter, wenn man den Tod totschweigt. Doch die Wahrheit ist: Das Tabuisieren bewahrt uns nicht davor, dass wir uns dem Thema früher oder später stellen müssen.

Auch ich machte mir wenig Gedanken über den Tod. Und noch weniger sprach ich darüber. Ich verdrängte im Alltag, dass das Leben endlich ist – bis vor einigen Jahren mein Vater starb. Er war nicht alt, erst Ende 60. Sein Tod kam nicht plötzlich, er war schon länger krank. So blieb eigentlich Zeit, sich voneinander zu verabschieden. Doch das machte es nicht einfacher. Die Zeit lief mir – lief uns – davon. Und da war noch dieser Ärger, der schon lange zwischen uns stand. Wie kann man da gut Abschied nehmen? Erst kurz vor seinem letzten Atemzug wurde mir klar, dass ich meinen Vater so nicht gehen lassen konnte.

„Es war schwierig zwischen uns. Vieles war nicht gut. Ich finde, jetzt sollten wir es gut sein lassen." – Das waren die Worte, die ich, mühsam zwar, aber doch klar und deutlich, am Sterbebett meines Vaters aussprach. Daraufhin schloss er die Augen. Machte sie nicht wieder auf. Eine Stunde später war er tot.

Wir haben es gut sein lassen. Beide. Und für diese Versöhnung wurde ich belohnt. Nicht materiell, sondern mit einem bisher nicht gekannten Frieden in mir. So hat die späte Versöhnung es nicht nur meinem Vater erleichtert, loszulassen und ruhig zu gehen, auch ich habe Ruhe in mir gefunden. Dass ich beim Sterben meines Vaters dabei sein durfte, war ein großes Geschenk.

Und plötzlich waren Sterben, Tod und Trauer präsent. Ich konnte es nicht mehr wegschweigen. Manches habe ich mit mir selbst ausgemacht, oft hatte ich das Bedürfnis, mich mitzuteilen. Ich wollte reden. Über ein Thema, über das man normalerweise nicht spricht. Wollte meine Zerrissenheit, meine Hilflosigkeit, mein Erleben mit jemandem teilen. Wollte wissen, wie andere Menschen mit Verlust, mit Tod und Trauer umgehen. Und was ihnen Hoffnung gibt und dabei hilft, den schmerzhaften Abschied von einem geliebten Menschen zu bewältigen und wieder ins Leben zurückzufinden. Oder wie andere es geschafft haben, ein endgültiges Gehen zu gestalten und zu verarbeiten, wenn das Verhältnis zum Verstorbenen ambivalent war.

Ich wollte. Aber meistens habe ich mich nicht getraut, das Thema anzusprechen, weil es eben nicht gepasst hat bei Begegnungen im hektischen Alltag. Und doch war ich überzeugt, dass es noch mehr Menschen gibt, die über Tod und Trauer sprechen können und wollen. Die sich bewusst mit dem Thema auseinandersetzen, selbst Abschiede erlebt und Erfahrungen mit dem Sterben gemacht haben. Die sich dem Gedanken, selbst einmal zu sterben, stellen. Also habe ich mir vorgenommen, mich auf den Weg zu machen.

Ich bin schon vorher zu Fuß auf der Suche gewesen und

dabei Menschen begegnet. Wollte mehr über Lebenszufriedenheit und über die Fähigkeit, mit den Widrigkeiten des Lebens umzugehen, wissen. Doch diesmal ging mir meine Idee, einfach loszulaufen und mit Menschen ins Gespräch zu kommen – ganz anders als bei den zurückliegenden Begegnungstouren – irgendwie an die Substanz. Geht das denn? Kann man wildfremde Menschen einfach ansprechen und sie zu ihren Erfahrungen mit Tod und Trauer befragen? Ja, das geht! Oft habe ich offene Türen eingerannt. Und ich durfte ganz besondere Menschen kennenlernen, die ihren eigenen Umgang mit dem Thema Tod gefunden haben. Die es geschafft haben, nach tiefer Trauer wieder Freude am Leben zu haben und die jetzt für andere da sind, die gerade jemanden verloren haben.

Vielen, die eine Phase der Trauer hinter sich haben, ist der Versuch nicht fremd, ihren Verlust durch langes Gehen zu verarbeiten. Manche sind dafür den Jakobsweg – meist von der französisch-spanischen Grenze bis nach Santiago de Compostela – gelaufen. Wie klärend, befreiend und entlastend lange Wanderungen sein können, habe ich selbst schon erlebt. Warum also für meine Idee, mehr über Tod und Trauer zu erfahren, nicht selbst den Jakobsweg gehen? Um auf meinem Weg möglichst ungehindert mit Menschen ins Gespräch zu kommen, wollte ich allerdings im deutschsprachigen Raum bleiben. Ich habe deshalb beschlossen, mich vom Münchner Jakobsweg leiten zu lassen und am Ende einen Abstecher nach St. Gallen in der Schweiz zu machen. Elf Etappen, rund 300 Kilometer, etliche Kilo Gepäck auf den Schultern und ausreichend Zeit für Gespräche und Begegnungen – das war mein Plan. Ich wollte mich dem Thema – im wörtlichen und übertragenen Sinn – langsam nähern. Wollte verstehen, Dinge überdenken und verarbeiten.

Was mich rückblickend am meisten überrascht hat: Ich dachte, dass ich den Weg allein gehen würde. Doch ich hatte mich getäuscht. Fast täglich hatte ich Wegbegleiter – und die haben nicht nur die Etappe, sondern auch Gedanken über Leben, Tod und Trauer mit mir geteilt. Und obwohl das Thema sogar mir – mit meinem Redewunsch, meiner Idee und meinem Plan – anfangs schwer und bedrückend erschien, habe ich selten so viel gelacht wie auf diesem Weg. Denn Heiterkeit und Freude sind kein Widerspruch zu Tod und Trauer. Vielleicht im Gegenteil: Mit einer gewissen Leichtigkeit lässt sich besser akzeptieren, dass der Tod zum Leben gehört.

VOR DEM MÜNCHNER JAKOBSWEG

DIE SINNE GESCHÄRFT

REGENSBURG ▾ LANDSHUT ▾ MÜNCHEN ▾

TOD BEDEUTET TIEFE

Bevor ich mich auf den Weg mache, versuche ich, ein Gefühl für das Thema Tod und Trauer zu bekommen. Wochenlang laufe ich mit offenen Augen durch die Welt. Und ich bin überrascht, wo mir plötzlich der Tod begegnet. Natürlich liegt das daran, dass meine Sinne geschärft, meine Aufmerksamkeit entsprechend zielgerichtet ist. Ich kann mich noch daran erinnern, dass ich überall Schwangere sah, als ich selbst gerade mit meiner Tochter schwanger war. Framing-Effekt nennt die Psychologie dieses Phänomen. Jetzt ist also nicht das werdende Leben, sondern der Tod in meinen Fokus gerückt. An Landstraßen sehe ich Kreuze am Fahrbahnrand, an denen Blumen abgelegt sind und Kerzen für die Opfer von Verkehrsunfällen brennen. Ich nehme Leichenwagen war, die an mir vorbeifahren. Ich sehe eine Traube schwarz gekleideter Menschen in Richtung Friedhof gehen. Im Programm der Volkshochschule fällt mir ein Angebot mit dem Namen „Letzte-Hilfe-Kurs" auf. Dort lernt man, wie man Sterbende begleiten kann.

In der Regensburger Innenstadt entdecke ich ein Bestattungsunternehmen, das gerade erst eröffnet hat. Es trägt den originellen Namen „plan b." – ja, Plan A funktioniert nicht mehr, wenn das Leben zu Ende geht. Mir gefallen das Augenzwinkern und der Witz, die hinter dem Namen stehen. Kurzerhand gehe ich hinein. Zwei junge Frauen empfangen mich, ihnen gehört das Unternehmen. Was mir als Erstes ins Auge sticht, ist ein Regal mit Gefäßen aus verschiedensten Materialien. Manche sehen aus, wie große Lampions.

DIE SINNE GESCHÄRFT

„Das sind Urnen aus Gmund Papier", erklärt mir Magdalena, eine der beiden Bestatterinnen. Ich bin beeindruckt, denn ich weiß, dass Papier, das aus der traditionsreichen Papierfabrik in Gmund am Tegernsee kommt, mit zum Wertigsten zählt, was aus dem Rohstoff Holz gewonnen werden kann. Bis vor einigen Jahren wurde Gmund Papier auch für die Umschläge verwendet, aus denen bei der Oscar-Verleihung die Namen der Preisträgerinnen und -träger gezogen werden. In einer Urne aus solch edlem Papier die letzte Ruhe zu finden, weckt bei mir den Gedanken: Am Ende wird klar, dass man die beste Besetzung im eigenen Lebensfilm war.

Anni, die andere Bestatterin von „plan b.", bietet mir einen Platz am langen Tisch mitten im lichtdurchfluteten Empfangsraum des Instituts an. Ich wundere mich, was junge Menschen – beide Frauen sind Anfang 30 – antreibt, sich so intensiv mit dem Tod zu beschäftigen. Das Thema hätte sie schon immer interessiert, meinen beide unisono. Nach dem Studium der Sozialen Arbeit haben die zwei ihren Master in Perimortale Wissenschaften gemacht – ein interdisziplinärer Studiengang, der sich mit Sterben, Tod und Trauer beschäftigt. Während eines Praktikums bei einem Bestatter in Berlin kam ihnen der Gedanke: Das könnten wir auch tun. Nach dem Abschluss beschlossen sie, Nägel mit Köpfen zu machen. Seit ein paar Monaten kümmern sie sich um An- und Zugehörige, die einen Menschen verloren haben, holen Verstorbene ab, versorgen sie, organisieren Bestattungen.

Ich möchte wissen, was ihnen an ihrer Arbeit am besten gefällt. „Die Tiefe", antwortet Magdalena, ohne lange nachzudenken. „Die Arbeit ist nie oberflächlich."

„Und unsere Tätigkeit ist wertvoll", ergänzt Anni. „Gleichzeitig ist es immer abwechslungsreich und wir können kreativ sein. Wir möchten Bestattungen schön gestalten. Ich finde es wichtig, dass Trauernde nicht auch noch mit dem Schock einer schrecklichen Beerdigung klarkommen müssen, bevor sie den Verlust verarbeiten können."

„Seien wir ehrlich", meint Magdalena, „sterben ist scheiße. Und wir versuchen, in dieser schwierigen Situation zu unterstützen und einen würdevollen Abschied zu ermöglichen."

Das beginnt schon damit, dass die beiden den Verstorbenen beim Waschen und Einkleiden Respekt entgegenbringen. Berührungsängste haben sie nicht. „Im Gegenteil: Ich mag das Versorgen der Toten", bekräftigt Anni.

Obwohl sich die beiden Frauen täglich mit dem Tod beschäftigen, sind sie sich dennoch sicher, dass auch sie nicht besser auf den Verlust eines Familienmitglieds, einer Freundin oder eines Freundes vorbereitet sind.

„Aber das Wissen, wie der letzte Weg abläuft, das ist wahrscheinlich schon hilfreich und würde dann vermutlich eine gewisse Sicherheit geben", glaubt Magdalena.

In Abschiedssituationen sind die beiden dann wohl doch mehr Mensch als Bestatterin.

Über eine Freundin lerne ich Julia kennen. Sie ist Psychologin und Yoga-Lehrerin. Als vor knapp vier Jahren der Abschluss ihrer Yoga-Ausbildung ansteht, erkrankt die älteste ihrer drei Töchter wie aus heiterem Himmel an Knochenkrebs – eine sehr aggressive Form ohne Aussicht auf Heilung. Neun Monate begleitet die Familie das schwerkranke Mädchen, bis es schließlich im Alter von zwölf Jahren zu Hause stirbt. Julia ist herausgefordert, den für Eltern wohl denkbar schlimmsten Abschied – den Tod des eigenen Kindes – zu verarbeiten. Was ihr dabei hilft, ist Yoga.

„Wenn wir Yoga machen, lenken wir unsere Aufmerksamkeit auf etwas anderes", sagt Julia.

Die wohltuende Wirkung in Trauerphasen hat Julia am eigenen Leib gespürt. Seit zwei Jahren bietet sie nun Kurse in Traueryoga an.

„Es ist entlastend und gut, wenn man beim Yoga merkt: Da ist nicht nur Trauer. Da ist auch etwas in mir, das friedlich ist. Yoga eröffnet neue Räume. Und schenkt das Gefühl, dass es etwas gibt, das größer ist als wir", erklärt Julia mir. „In meinen Traueryoga-Stunden geht es vor allem darum, über den Atem mit uns in Kontakt zu kommen. Der Atem hilft uns, in den gegenwärtigen Moment zu kommen und unsere Gedanken zu beruhigen. Wir können auf diese Weise lernen, mit schwierigen Gefühlen umzugehen, und erfahren: Vielleicht ist da sogar ein wenig Zuversicht."

Auch wenn man sich – so unmittelbar mit dem Tod konfrontiert – vielleicht ohnmächtig fühlt, will Julia durch ihr Angebot dabei helfen, das Leben wieder an sich ranzulassen, sich selbst wieder lebendig zu fühlen.

DIE ENTSCHEIDUNG AKZEPTIEREN
Gespräch mit Autorin Gerda Stauner
▼

Ein paar Tage, bevor ich meine Weitwanderung starte, treffe ich mich mit Gerda. Sie ist wie ich Autorin, wir haben bereits an einigen literarischen Projekten zusammengearbeitet. Ich weiß, dass sie Tod und Trauer kennt. Und ich will gerne mehr darüber erfahren, wie sie damit umzugehen gelernt hat. An einem strahlend schönen Sonnentag gehen wir von der Regensburger Innenstadt aus die Donau entlang. Gerda ist Wahlregensburgerin. Aufgewachsen ist sie in einem kleinen Ort in der westlichen Oberpfalz. Sie ist die jüngste von sechs Geschwistern. Ihre Eltern hatten eine Autowerkstatt mit Tankstelle und einen kleinen Laden, zu Hause war immer etwas los.

„Ich war von Geburt an den Trubel gewohnt. Ich dachte immer, das sei normal und so will ich auch später leben. Aus dem Grund habe ich mich nach dem Studium auch für ein Leben in der Großstadt entschieden", erzählt Gerda.

Turbulent ist es in ihrer Kindheit nicht nur, weil viele Menschen unter einem Dach leben und in ihrem Elternhaus ein und aus gehen. Auch ihre nur ein Jahr ältere Schwester hält alle auf Trab.

„Sie war immer schon eine, die aufbegehrt oder sogar aufgemischt hat. Damals auf dem Land wurde dem nicht so viel Beachtung geschenkt. Als sie dann im Jugendalter andere Menschen durch ihre Art wirklich auch vor den Kopf gestoßen hat, wurde das auf die Pubertät geschoben."

Vermutlich leidet ihre Schwester schon damals an einer psychischen Erkrankung, die erst später diagnostiziert wird.

„Erst wurde sie viele Jahre auf Depressionen behandelt. Dann bekam sie irgendwann die Diagnose Bipolare Störung. Das erklärt im Nachhinein ihre manischen Phasen, in denen sie übermäßig aktiv und oft auch übermäßig anstrengend für ihre Umwelt war."

Gerda bekommt – obwohl sie die Jüngere ist – schon während ihrer Kindheit von der Mutter den Auftrag, auf ihre Schwester aufzupassen. Eine wirklich gewichtige Aufgabe, denn über eine mögliche Erkrankung der Schwester wird nicht gesprochen und es kommt immer wieder zu Aussetzern. Gerda nimmt den Auftrag ernst, auch als sie bereits erwachsen und längst von zu Hause ausgezogen ist.

„Ich habe meine Schwester unzählige Male in die Psychiatrie gefahren, wenn es ihr schlecht ging und sie es mal wieder nicht mehr ausgehalten hat. Habe ihr gut zugeredet, wenn sie in manischen Phasen ihre Medikamente einfach abgesetzt hat. Habe ertragen, wenn sie verletzend war."

Doch irgendwann wird es Gerda zu viel. Sie sucht sich Hilfe. Mit der Unterstützung eines Therapeuten fasst Gerda dann einen Entschluss: „Ich musste den Kontakt zu meiner Schwester abbrechen. Denn ich hatte das Gefühl, dass er uns beiden nicht guttat." Und so lädt sie ihre Schwester von ihrer Geburtstagsfeier aus. Die kommt trotzdem, mischt die Feier auf, bis Gerda keinen anderen Weg sieht, als die Polizei zu rufen. Es kommt zum Bruch. Der Kontakt ist von da an tatsächlich beendet, über mehrere Jahre erfährt Gerda nur noch während Besuchen bei den Eltern, wie es ihrer Schwester geht und was sie macht.

„Was eigenartig war: Ein paar Tage vor dieser Feier haben meine Schwester und ich noch telefoniert. Da hat sie zu mir gesagt: ,Du musst nicht mehr auf mich aufpassen. Ich kann das selbst.'"

Diese Entbindung von der Aufgabe beschäftigt Gerda, entlastet sie aber auch. Trotzdem ist ihr klar, dass das Problem, die Krankheit ihrer Schwester, nicht einfach verschwindet.

Eines Tages passiert dann, was Gerda lange befürchtet hat: Ihre Schwester nimmt sich das Leben. Kurz vor ihrem 47. Geburtstag. Sie stellt sich auf eine Eisenbahnbrücke und springt. Die Nachricht erreicht Gerda am Morgen danach.

„Mich hat der Pfarrer der Gemeinde meiner Eltern angerufen. Sie haben schon am Abend davor von dem Suizid erfahren. Ich bin Atheistin. Aber meinen Eltern sind ihr Glaube und die Kirche wichtig. Deshalb haben sie Beistand beim Pfarrer gesucht, der es dann übernommen hat, alle zu informieren. Und auch wenn ich der Kirche zwiespältig gegenüberstehe: Dieser Pfarrer war wirklich ein Seelsorger, der seine Aufgabe ernst genommen und gut gemacht hat."

Gerda fährt zu ihren Eltern, findet die Familie versammelt im Elternhaus und unter Schock. Drei Jahre sind seit dem letzten Kontakt zu ihrer Schwester vergangen. Gerda beschließt: Sie möchte ihre tote Schwester noch einmal sehen. Will sich von ihr verabschieden.

„Ich habe mit dem Bestatter gesprochen. Und der war damit einverstanden, dass wir meine Schwester vor der Kremierung noch einmal bei ihm im Bestattungsinstitut sehen können. Und dass er uns dafür ausreichend Zeit geben wird. Es ging ja nicht nur um einen Abschied. Ich wollte auch, dass meine Familie wieder näher zusammenrückt. Dass wir wieder mehr zueinanderfinden, nachdem über Jahre die Krankheit meiner Schwester alle sehr belastet hat."

Gerda macht eine kleine Pause, wendet ihr Gesicht der Sonne zu, ehe sie weiterspricht. „Meine Mutter wollte zuerst nicht mitgehen. Sie dachte, dass sie den Anblick nicht würde ertragen können. Aber dann war es doch gut, dass wir alle da waren. Dass wir uns alle verabschieden konnten. Als ich vor dem offenen Sarg meiner Schwester stand, war mein erster Gedanke: Sie ist älter geworden. Was ja nicht verwunderlich war, immerhin hatten wir uns lange nicht gesehen.

DIE SINNE GESCHÄRFT

Meine Schwester sah aus, als ob sie schlafen würde. Der Anblick war weit weniger schlimm als das, was ich mir in Gedanken ausgemalt hatte. Sie sah so friedlich aus. Ich habe ihr ein Familienfoto und eine Rose aus meinem Garten mitgebracht. Diese beiden Dinge wollte ich ihr gerne mit auf ihren letzten Weg geben."

Natürlich denkt Gerda anfangs auch darüber nach, ob der Tod ihrer Schwester sich hätte verhindern lassen. Doch das bringt sie nicht weiter. Ihr ist schnell klar: „Niemand trägt die Schuld am Tod meiner Schwester. Und niemand hätte sie von ihrer Entscheidung abhalten können. Sie hat sich gegen das Leben entschieden. Wollte den Druck, den ihre Krankheit auf sie ausgeübt hat, irgendwann nicht mehr ertragen."

Es zu akzeptieren, dass sich ein nahestehender Mensch gegen das Leben und für den Tod entscheidet: Das stelle ich mir als große Herausforderung vor. Und ich bin sicher, dass es ein langer Prozess ist, bis man diese Haltung einnehmen kann.

„Was ich nach und nach auch akzeptieren konnte: Es war ihre Entscheidung, keine Medikamente mehr zu nehmen", erzählt Gerda. „Medikamente, die sie verändert haben. Sie wollte so sein, wie sie war. Mit allen Konsequenzen. Es steht mir nicht zu, darüber zu urteilen."

Den Ort, die Eisenbahnbrücke, von der ihre Schwester in den Tod gestürzt ist, kennt Gerda.

„Über diese Brücke bin ich schon unzählige Male mit dem Zug gefahren. Am dritten Todestag meiner Schwester war ich mit der Bahn auf dem Weg aus Bern zurück nach Regensburg. Und da bin ich – ohne dass ich vorher daran gedacht hatte – genau über diese Brücke gefahren. Als ich der Stelle näherkam, wurde mir das schlagartig bewusst. Und klar, da sind dann die Tränen geflossen. Da war ihr Tod plötzlich so greifbar, dass mich die Trauer überwältigt hat." Zwei Bilder, die Gerdas Schwester gemalt hat, hängen heute in ihrer Wohnung. Ein Andenken.

„Aber ich brauche eigentlich keine Dinge, um mich an sie zu erinnern. Manchmal träume ich von ihr. Keine Albträume, sondern Träume von schönen Situationen. Von Momenten, in denen wir es schön hatten. Dann fühle ich mich meiner Schwester sehr nahe."

Schwierige Situationen sind dann leichter zu ertragen und zu bewältigen, wenn sich irgendein Sinn darin sehen lässt. Doch welchen Sinn hat ein Suizid für Hinterbliebene, frage ich mich.

„Einige Zeit nach dem Tod meiner Schwester habe ich sehr im Moment gelebt. Habe jede Minute bewusst wahrgenommen", fasst Gerda das Positive nach der Hiobsbotschaft zusammen. „Mir war klar, dass das Leben endlich ist, dass es im nächsten Moment vorbei sein könnte. Und dass ich mich nicht so wichtig nehmen sollte. Natürlich wäre es für meine Familie, für nahestehende Menschen schlimm, wenn ich sterben würde. Aber für die Gesamtgesellschaft, für die Welt würde es keinen Unterschied machen. Ich bin nicht so wichtig. Die Erde würde sich trotzdem weiterdrehen. Und ich kann nicht entscheiden, wie lange mein Leben dauert. Ich bekomme keinen Aufschub, auch wenn ich eigentlich vorhabe, 90 Jahre alt zu werden. Deshalb ist nicht meine Planung, sondern das, was gerade im Moment passiert, wichtig. Nicht das, was vielleicht irgendwann mal in Zukunft sein könnte. So hatte der Tod meiner Schwester

irgendwie doch einen Sinn: Er hat mir klargemacht, dass es sich nicht lohnt, alles durchzuplanen, verbissen Zukunftspläne zu schmieden, an Dingen oder Situationen festzuhalten. Man muss loslassen. Im Moment sein. Das Leben im Jetzt leben."
Gerdas Schwester wird in einer bunten Urne beigesetzt. Ein Abschied, der sich lange angekündigt hat. Einer, der Trauernde herausfordert.

„Auch wenn ich nicht gläubig bin, denke ich, dass meine Schwester jetzt an einem Ort ist, an dem es ihr gut geht. An dem sie sein kann, wie sie eben ist, ohne dafür verurteilt zu werden, ohne sich falsch zu fühlen. Und ohne den Maßstäben der anderen, den Maßstäben von gesund und krank ausgeliefert zu sein."

VORBEREITET FÜR EINEN LANGEN WEG

▾

Anfang Mai soll es endlich losgehen. Ich habe alles für meine Wanderung auf dem Münchner Jakobsweg vorbereitet. Mein Rucksack ist gepackt – besser gesagt: gepackt, umgepackt und wieder neu gepackt. Ich habe mich nach langem Hin und Her für ein Shirt weniger, für ein paar Blasenpflaster mehr und dafür, doch kein Buch mitzunehmen, entschieden. Schließlich wiegt mein Gepäck, das ich den gesamten Weg über auf meinen Schultern tragen werde, rund neun Kilo – und fühlt sich im Moment noch gut zu tragen an.

Ich habe mir die Route der vor mir liegenden elf Etappen genau eingeprägt, habe Übernachtungen – in Pilgerherbergen, Pensionen, Klosterzimmern und sogar in einem Schlaffass auf einem Campingplatz – gebucht und hoffe, dass alles so klappen wird, wie ich es mir vorgestellt habe. Meine täglichen Strecken werden zwischen knapp 20 und über 32 Kilometer lang sein. Vor den besonders weiten Wegen habe ich großen Respekt. Aber ich bin zuversichtlich: Nur, wer sich auf den Weg macht, kann auch ankommen. Und kommt vermutlich mit Antworten und neuen Sichtweisen wieder zurück.

Ich bin ein wenig von mir selbst überrascht, denn eines möchte ich gerne noch erledigen, bevor ich aufbreche: Ich besuche das Grab meines Vaters. Ein Ort, zu dem ich eigentlich keinen Bezug habe. Dennoch fühlt es sich richtig an, seine letzte Ruhestätte aufzusuchen. Irgendwie ist es, als wolle ich mir seinen Segen für mein Vorhaben holen. Das fällt mir jetzt, nachdem ich mit ihm, mir und uns im Reinen bin, erstaunlich leicht.

Als ich schließlich im Friedhof des kleinen Dorfs stehe, wo er bestattet ist, fühle ich eine plötzliche Verbundenheit und die Gewissheit, dass mich mein Vater auf meinem Jakobsweg begleiten wird. Woran ich auch lange nicht mehr gedacht habe: Uns hat – trotz aller Differenzen – die Begeisterung für Wege, für das Erkunden von Orten und für das Reisen verbunden. Ich glaube, es hätte ihm gefallen, dass ich mich auf eine so lange Wanderung aufmache. Und er hätte wohl jeden Tag auf der Landkarte nachgesehen, wo ich gerade unterwegs wäre.

Jetzt bin ich vorbereitet. Mit dem Zug fahre ich nach München. Nur eine Übernachtung, bevor ich am darauffolgenden Morgen zu Fuß aufbrechen werde.

DIE SINNE GESCHÄRFT

ERINNERUNGEN ZUM ANFASSEN
Gespräch mit Bildhauerin Verena Oberhollenzer

▼

Auf der Fahrt zum Ausgangspunkt des Münchner Jakobswegs mache ich einen kleinen Zwischenstopp in Landshut. Dort holt mich die Bildhauerin Verena Oberhollenzer vom Bahnhof ab. Ich bin über ihre Social-Media-Seite auf sie aufmerksam geworden. Verena ist unter dem Namen „rimaneo" zu finden, was ein Kunstwort aus dem Italienischen und Lateinischen ist und so viel wie „ich bleibe" bedeutet. Verena macht Erinnerungskunst und dazu möchte ich mehr wissen.

Wir fahren zu ihrem Atelier, das auf einer Anhöhe liegt und einen schönen Blick ins Grüne eröffnet. Als wir an ihrem Werktisch Platz nehmen, muss ich mich erst einmal umsehen. In Regalen, auf Tischen, auf dem Boden – überall liegen Gestaltungsmaterialien: Farben, Holz, Flaschen, Steine, Papier. In der Ecke steht ein Brennofen. Von der Decke hängt eine lebensgroße silberne Skulptur – der fallende Dädalus, Vater des Ikarus und Figur aus der griechischen Mythologie. „Ich wollte gerne den Vater darstellen. Der wird oft vergessen. Das ist wie in der Arbeit mit Trauernden, die ein Kind verloren haben: In der Regel wird an Mütter gedacht. Viel seltener an Väter", meint Verena, die meinem Blick gefolgt ist.

Die Bildhauerin beginnt, ein wenig aus ihrem Leben zu erzählen. Geboren und aufgewachsen ist sie in Südtirol. „Zum Urlaubmachen ist es dort wundervoll. Zum Leben kann das aber eng sein. Wenn du von über 80 Dreitausendern umgeben bist, dann ist es schon oft schattig – im wörtlichen wie im übertragenen Sinn. Deshalb musste ich irgendwann raus aus dem Tal."

Verena bekam die bildenden Künste quasi in die Wiege gelegt: Einer ihrer Großväter war Ornamentschnitzer, ein Onkel hat Bildhauerei studiert. In der von ihm gegründeten Bildhauerschule ist sie in die Lehre gegangen.

„Danach wollte ich unbedingt weg aus der Enge. Erst bin ich nach Graz gezogen und habe die Meisterklasse besucht. Anschließend kam das Bildhauerei-Studium an der Akademie der Bildenden Künste in München. Dort habe ich meinen Mann kennengelernt. Ende der 1990er-Jahre sind wir dann nach Landshut gezogen. Mittlerweile ist Niederbayern zu meiner Heimat geworden."

Ich kann mir vorstellen, dass Verena sich hier in ihrem lichtdurchfluteten Refugium wohlfühlt – und kreativ sein kann. Ich sehe mich noch einmal um. Auf einem langen Tisch unter dem Fenster liegen etliche münzgroße Medaillons. „Das sind Ansichtsexemplare", erklärt Verena. „Von meiner Erinnerungskunst. Die mache ich seit zwei Jahren."

Auf den Anhängern sind Abdrücke von Fingern, gefertigt aus farbigem Porzellan. Verena drückt mir einen davon in die Hand. Die Struktur auf dem Medaillon fühlt sich gut an, das Material ist erstaunlich warm. Vorsichtig lege ich den Anhänger auf den Tisch zurück.

Die Idee, Fingerabdrücke Verstorbener künstlerisch zu verarbeiten, ist nicht einfach so entstanden. Verena hat ihren Sohn verloren – und damals Abdrücke gemacht, aus denen Kunststücke entstanden sind.

„Mein Sohn Valentin wurde 2000 geboren. Zu früh. Nach 16 Tagen ist er gestorben."

Sie lässt das Gesagte einen Moment stehen, ehe sie fortfährt. „Wir – mein Mann und ich – wussten damals nicht, wie wir mit dieser Situation umgehen können. Also nicht nur, weil wir trauerten. Auch mit ganz praktischen Fragen, wie die nach einer Beerdigung, waren wir zum ersten Mal in unserem Leben konfrontiert. Wir sind dann zu einem Bestattungsinstitut. Ich kann mich heute noch daran erinnern, dass die Mitarbeiterin in die Werkstatt gerufen hat: ‚Bring mal den Frühchen-Sarg!‘ Das war schlimm. Kurz darauf kam ein Mann mit einer weißen Kiste mit goldenem Kreuz, die Schrauben zum Verschließen schon lose vorgesteckt. Da habe ich zu meinem Mann gesagt: ‚Da kommt mein Bub nicht rein!‘ Wir sind dann zu einem Korbladen in Landshut, haben ein ovales Körbchen gekauft und zu Hause mit Bienenwachs ausgekleidet. Innen und außen haben wir es mit einem Sternenhimmel bemalt. Ein Freund hat noch einen Deckel gemacht. So kamen wir ins Tun. Und das war gut."

Und noch etwas hat Verena und ihrem Mann in der ersten Zeit nach dem Tod ihres Sohnes geholfen, mit der Situation fertigzuwerden: „Wir durften Valentin acht Tage in der Kühlung des Krankenhauses lassen. So sind wir jeden Tag in die Klinik und haben unseren toten Sohn besucht. Am zweiten Tag habe ich Gips und Gestaltungsmaterial mitgenommen und habe von ihm Abdrücke von Händen und Füßen gemacht. Und eine Totenmaske – also einen Abdruck seines Gesichts."

Verenas Stimme, die immer leiser geworden ist, bekommt wieder mehr Substanz, als sie weitererzählt: „Für mich war das sehr wichtig. Auch im Nachhinein. Etwas Haptisches zu haben. Etwas, was mich daran erinnert, wie groß Valentins Hände und Füße waren."

Verena und ihr Mann bekommen danach noch drei Söhne. Für die Brüder Valentins sind diese Erinnerungsstücke ebenso wichtig. „Auch wenn sie ihren großen Bruder nicht gekannt haben, hat er so einen Platz in unserer Familie. Immerhin ist nicht unser nach außen ältester Sohn der älteste. Sondern eben Valentin."

Neben ihrer Bildhauerausbildung hat Verena auch eine Ausbildung als Kunsttherapeutin und arbeitet in einem Hospiz. Mit dem Tod hat sie umgehen gelernt. Gleichzeitig ist die Kunst ihr Leben. Als dann 2020 der erste Corona-Lockdown kam, brachte er ihr künstlerisches Arbeiten schlagartig zum Erliegen, weil es keine Aufträge, keine Ausstellungen oder Kunstveranstaltungen mehr gab.

„Ich war damals etwas ratlos, wie es weitergehen kann", sagt Verena. Angeregt von einem Freund, der Palliativmediziner ist, hat sie schließlich aufgegriffen, was ihr damals geholfen hat, den Tod ihres Sohnes zu verarbeiten: Sie bietet Hinterbliebenen an, aus Finger-, Hand- oder Fußabdrücken Erinnerungsstücke aus Porzellan zu fertigen. Sie formt kleine oder große Medaillons für Ketten oder Armbänder oder auch Handschmeichler, die mit vergoldeter Rückseite aufgestellt und angefasst werden können.

Mich interessiert, wie es abläuft, wenn jemand so ein Erinnerungsstück haben möchte. „In der Regel werde ich von Angehörigen kontaktiert. Die werden über Bestatter, über Empfehlung oder über meine Webseite auf mich aufmerksam. Dann schicke ich ihnen eine Anleitung und Zwei-Komponenten-Knete, die aushärtet, zu. Die Hinterbliebenen machen selbst vor Ort einen Abdruck vom Verstorbenen und schicken den wieder an mich zurück. In meinem Atelier gestalte ich dann aus dem Negativ ein Erinnerungs-

stück. Dabei werden die Hinterbliebenen immer mit einbezogen, werden gefragt, was genau sie sich wünschen."
Verena konnte mit ihrer Erinnerungskunst bereits viele Menschen in ihrer Trauer begleiten. Ihre Auftraggeber kommen aus ganz Deutschland, aber auch aus Österreich oder Belgien. Wenn die Künstlerin Anfragen aus ihrer direkten Umgebung bekommt, fertigt sie gelegentlich auch selbst die gewünschten Abdrücke an. Dafür nimmt sie sich Zeit. Für die Angehörigen und für die Verstorbenen. Und sie spricht während des Abdruckprozesses mit den gestorbenen Menschen.

„Ich sage ihnen, dass ich hier bin, um eine Erinnerung für ihre Lieben zu machen. Ich rede leise. Oder, wenn die Angehörigen mit im Raum sind, manchmal auch nur in Gedanken mit den Toten."

In der Regel dauert es rund zwei Wochen, bis die Hinterbliebenen das Erinnerungsstück in Händen halten können.

„Gelegentlich bekomme ich auch dringende Anfragen. Einmal ist ein Mensch beispielsweise kurz vor Weihnachten gestorben. Die Tochter wollte der Mutter zu Weihnachten ein Medaillon mit einem Abdruck des Vaters schenken. Da habe ich nachts das Porzellan gebrannt und tagsüber die anderen Arbeitsschritte gemacht. So konnte ich das Erinnerungsstück in dem Fall schneller fertigstellen", erzählt Verena.

Die Bildhauerin strahlt eine besondere Ruhe aus. Ich bin mir sicher, das allein hilft schon sehr. Ich spüre selbst, wie tröstlich der Gedanke ist, nach dem Tod etwas zu haben, in dem der geliebte verstorbene Mensch abgebildet und spürbar ist.

Manche Abschiede, die Verena mit ihrer Kunst mitgestalten durfte, sind ihr besonders in Erinnerung geblieben:

„Von Eltern wurde ich beauftragt, ein Erinnerungsstück von ihren verstorbenen Kindern zu machen. Es war eine Zwillingsschwangerschaft. Der Junge verstarb in der 14. Schwangerschaftswoche, das Mädchen in der 30. Woche. Vom Mädchen machten sie Abdrücke. Vom Jungen konnten keine mehr genommen werden, weil sein Körper schon sehr zersetzt war. Das ging mir nicht aus dem Kopf. Irgendwie wollte ich auch den Jungen sichtbar machen. Deshalb habe ich lange mit den Eltern gesprochen und mich dann mit dem zuständigen Bestattungsunternehmen in Verbindung gesetzt. Schließlich durfte ich in die Porzellanmasse eine ganz kleine Menge der Asche des Jungen mischen. Damit habe ich dann die Abdrücke des Mädchens gemacht."

Manchmal entstehen auch kleine Schälchen aus Abdrücken der Handfläche. Sie sehen aus, wie ein luftig leichtes Herbstblatt.

„Von den Angehörigen bekomme ich gelegentlich danach Post. Sie schreiben mir, wenn ihnen die Erinnerungskunst, das Anfassen und Berühren des Abdrucks hilft, mit dem verstorbenen Menschen in Verbindung zu bleiben. Ein Junge, dessen Vater gestorben ist, hat den Fingerabdruck-Anhänger abgemalt. Er hat mir die Zeichnung geschickt und sich bedankt, dass er etwas von seinem Papa behält."

Aber nicht nur Schmuck und Kunst aus Abdrücken von Verstorbenen, auch Fingerabdrücke von lebenden wichtigen Menschen – von Kindern oder dem Partner – werden bei ihr angefragt.

„Abdrücke von Lieblingsmenschen eben, von lebenden und toten", fasst Verena ihr Angebot zusammen.

Bevor mich die Bildhauerin wieder zum Bahnhof bringt, muss sie noch Lack auf ein Handschälchen pinseln. Ich helfe ihr und föhne es trocken. Wir lachen, plaudern, sind in Verbindung. Mir fällt auf, dass das Gespräch mit Verena sich locker und leicht anfühlt. Das nimmt dem Thema die Schwere. Dafür bin ich dankbar. Denn so fühle ich mich gerade auf besondere Weise lebendig und mache mich vorfreudig wieder auf den Weg.

EIN ABSCHIED, DER PASST
Gespräch mit Bestatterin Lydia Gastroph

▼

In München angekommen, geht es erst einmal in den Stadtteil Schwabing. Dort treffe ich Lydia Gastroph. Sie ist Bestatterin, aber ein Institut oder ein Ladenlokal sucht man hier in der Straße vergebens. Ich klingle an der Tür eines Altbaus und steige eine knarrende Treppen empor. Die Tür zu Lydias Wohnung steht offen, die Bestatterin erwartet mich schon.

Wir nehmen in ihrem Wohnzimmer Platz. Die Sonne flutet den Raum und lässt ihn warm und behaglich wirken. Ich sehe mich um und stelle fest, dass überall Dekorationsdinge – vor allem Vasen – stehen: auf dem Fensterbrett, auf der Kommode, im Regal. Doch dann merke ich eine Irritation. Sind das wirklich Vasen? Nein. Ich denke an die besonderen Papier-Lampions bei „plan b." und kombiniere: Es sind Urnen! Bunte Urnen aus Keramik oder Metall, mal bauchig, mal schlank.

Lydia Gastroph verfolgt meine Mimik während des Umblickens und lacht. „Ja, Sie haben schon richtig gesehen. Ich habe nicht so viel Platz. Deshalb habe ich überall in der Wohnung Urnen ausgestellt. Die sind doch schön, oder?"

Und sie deutet auf ein nach oben hin schmal zulaufendes Exemplar mit einem aufgemalten Gesicht. Diese Urne ist tatsächlich sehr besonders und sticht sofort ins Auge. Dort auf dem Fensterbrett, vom Sonnenlicht wie von einem Spotlight beleuchtet, wirkt sie genau richtig, muss ich feststellen.

Bei Lydia Gastroph ist vieles anders, als man auf den ersten Blick vermutet. Sie ist Goldschmiedin, hat in München Schmuckkunst studiert. Nach dem Studium gründete sie eine Schmuckmanufaktur. Seit drei Jahren gibt es die nicht mehr, denn sie hat sich voll und ganz auf ihr anderes Standbein konzentriert: das Bestatten.

Doch wie kommt eine Goldschmiedin dazu, sich dem letzten Weg von Toten zuzuwenden? „Ich habe mich immer schon mit Schönheit und Ästhetik beschäftigt. Das beinhaltete ja auch Vergänglichkeit", erklärt Lydia Gastroph. Und diese natürliche Verbindung des Flüchtigen, Sterblichen mit Ästhetik vermisste die Tochter eines evangelischen Pfarrers schon immer bei Bestattungen. „Einige meiner Freundinnen sind jung gestorben. Als eine davon – da war ich vielleicht 17 Jahre alt – beerdigt wurde, dachte ich: ‚Das kann nicht wahr sein!' Da gab es einen riesigen Eichensarg mit Schnitzereien, monströs und gediegen. Ich bin in der Hippiezeit groß geworden. Da passte das einfach nicht. Die letzte Ruhestätte meiner Freundin war für mich ein optisches Grauen. Ich fand es richtiggehend unverschämt, dass eine junge Frau so bestattet wurde. Es war damals die Zeit der Studentenrevolution in den 1970er-Jahren. Alles war im Umbruch. Nur die Bestattungen, die liefen ab, wie vor hundert Jahren."

Als dann ihre jüngste Schwester 2004 schwer erkrankt und weiß, dass sie sterben wird, wendet sie sich an Lydia.

DIE SINNE GESCHÄRFT

„Meine Schwester hatte mit ihrem Mann ein Haus gebaut und die Inneneinrichtung selbst gestaltet. Es war ihr Wunsch, nach ihrem Tod dort aufgebahrt zu werden. Aber auf keinen Fall in einem hässlichen Sarg! Deshalb sprach sie mich an und bat mich, ihre Bestattung schön zu machen. Und hat mich auf die Idee gebracht, innovative, andere, ästhetische Produkte für Bestattungen zu entwickeln."

So beginnt die damalige Schmuckkünstlerin also, sich mit den Themen Tod und Bestattung auseinanderzusetzen. 2007 stirbt ihr einstiger Kunstprofessor und Lydia Gastroph erlebt zum ersten Mal, dass es möglich ist, schön beigesetzt zu werden. Während er im Sterben lag, baute dessen Tochter für ihn einen besonderen Sarg in seiner Werkstatt. Bemalt in Ochsenblutrot, der Lieblingsfarbe des Professors.

„Diese Anregung habe ich für das Begräbnis meiner Schwester aufgegriffen. Künstler und Künstlerinnen, die mich unterstützen konnten, kannte ich. Innerhalb kürzester Zeit entstand eine erste Kollektion an Bestattungskunst. Alle Objekte sind so gestaltet, dass man sie schon zu Lebzeiten zu Hause aufstellen oder auch als Sitzmöbel, Schrank, Vase oder Schatulle verwenden kann. Denn eigentlich sind schöne Urnen und Särge ja viel zu schade, als dass man sie nur an dem Tag des Begräbnisses sieht und verwendet."

2010 eröffnet Lydia Gastroph in der Innenstadt von München die „Galerie der letzten Dinge" – einen ganz besonderen Sarg- und Urnenladen. Einige Zeit später kommt die Bestattungsdienstleistung dazu. Mit im Boot hat sie neben den Gestaltern von Bestattungsgefäßen auch Floristinnen und Floristen, die sich um modernen Blumenschmuck kümmern. Sie arbeitet mit Trauerrednern und Musikern zusammen, damit jeder Abschied individuell gestaltet werden kann. Den Hinterbliebenen soll ermöglicht werden, ihre Angehörigen in besonderer Erinnerung zu behalten.

2013 stirbt ihre Schwester – und wird in einer kugelförmigen schwarz-weißen Urne bestattet, die sie sich selbst ausgesucht hat. „Meine Schwester so lange und intensiv auf ihrem letzten Weg zu begleiten, hat mir viel gebracht. Wir haben uns sozusagen gemeinsam auf den Weg gemacht, haben uns auf ihren Tod und auf ihre Bestattung vorbereiten können. Das macht das Trauern leichter."

Lydia Gastroph ist Autodidaktin, hat sich alles, was sie für Bestattungen wissen musste, selbst erarbeitet. Eine wichtige Voraussetzung bringt sie zudem mit: „Mir war immer schon klar, dass ich das kann. Sterben gehört zum Leben wie Geborenwerden. Wenn ich einen Säugling wickeln und versorgen kann, dann kann ich auch einen Leichnam waschen und einkleiden."

Ich werfe einen Blick aus dem Fenster. Im Hinterhof stehen Fahrräder. Irgendwo müsste doch ein Leichenwagen sein. Doch den habe ich auch schon auf der Straße vergeblich gesucht.

„Ich bin freie Bestatterin", klärt Lydia Gastroph mich auf. „Als ich angefangen habe, in dem Bereich zu arbeiten, hatte ich kein Kapital, das ich hätte einsetzen können. Deshalb habe ich versucht, mit Bestattungsunternehmen Kontakt aufzunehmen und nachgefragt, ob ich deren Leichenwagen oder Kühlung mitbenutzen und mieten könnte. Bei den alteingesessenen Bestattern hier in München biss ich da auf Granit. Irgendwann bin ich auf ein islamisches Bestattungsunternehmen gestoßen, das für eine Kooperation offen war. Daraus sind eine intensive Freundschaft und eine wunderbare Zusammenarbeit entstanden."

Ich zögere kurz und überlege, ob das eine angemessene Frage ist, die mir auf den Lippen liegt. Und dann stelle ich sie einfach: „Was war denn Ihre schönste Bestattung?"

Lydia Gastroph amüsiert sich – ob über mein Zögern oder über die Frage, kann ich nicht feststellen. Sie denkt einen Augenblick nach, ehe sie antwortet.

„Hinter den schönsten Bestattungen stehen meistens die tragischsten Geschichten. Häufig sind es Abschiede von Menschen, die ganz plötzlich aus dem Leben gerissen wurden. Vor einigen Jahren durfte ich einen Todesfall begleiten, bei dem eine junge Frau von ihrem Mann ermordet wurde, der sich danach selbst das Leben genommen hat. Die beiden hinterließen junge Kinder. Ich habe die Bestattungen des Opfers und des Täters gestaltet. Für die Hinterbliebenen der Frau war es ein ganz großes Bedürfnis, einen richtig schönen Abschied zu feiern. Wir haben dafür einen Gottesdienst in einer Eventlocation organisiert, mit Live-Orchester, mit einem knallgelben Sarg, mit besonderem Blumenschmuck. Ein Filmteam hat die Feier aufgezeichnet, damit die Kinder den Abschied später noch einmal sehen können und Fragen dazu stellen, die vielleicht auftauchen, wenn sie älter sind."

Ich muss schlucken. Es dauert etwas, bis der Kloß in meinem Hals kleiner wird.

Lydia beginnt, von einer weiteren beeindruckenden Bestattung zu erzählen: „Ich dachte immer: Beerdigungen von Kindern mache ich nicht. Aber dann kamen Eltern auf mich zu, die mit ihren Wünschen, wie sie von ihrem Kind Abschied nehmen wollten, bei allen traditionellen Bestattern abgeblitzt waren. Da habe ich meine Entscheidung revidiert und die Bestattung übernommen. Das Kind war bei einem

Verkehrsunfall ums Leben gekommen. Der Leichnam wurde zu Hause aufgebahrt – mit einem Ball unter dem Arm. Alle Nachbarn im Haus haben sich engagiert, haben Kuchen gebacken, Kerzen auf die Treppenstufen gestellt und das Treppenhaus mit Blumen geschmückt. Die Freunde des Kinds aus der Schule kamen, um Abschied zu nehmen. Den Sarg des Kinds hat der Vater selbst gebaut – in der Garage mit seinen Kumpels und einem Kasten Bier. Die Eltern durften ihr Kind bis ins Krematorium begleiten. Bei der Trauerfeier in einem Kulturzentrum wurde die Urne des Kinds aufgestellt. Die Eltern hatten sich für eine mit aufgemaltem Gesicht entschieden. Das Gefäß wurde in der Mitte eines Steckschwamms platziert. Dort hinein konnten alle eine Blume stecken. So stand die Urne schließlich wie in einer Blumenwiese. Eine Band hat gespielt, die Kinder aus der Schule waren dabei, Bilder des Kindes und sogar eine Tonaufnahme wurden vorgespielt. Das war ein riesiges Abschiedsfest. Und es war sehr berührend."

Einen Abschied zulassen – das sollte allen ermöglicht werden, die einen geliebten Menschen verloren haben. Dieser Gedanke ist sicher nicht neu, und dennoch drängt er sich mir gerade auf.

Lydia hat eine eindeutige Meinung dazu: „Ich habe über die Jahre gemerkt, dass man die Trauernden nicht von allem fernhalten, nicht beschützen muss. Meist ist es besser, wenn Hinterbliebene zum Beispiel den Leichnam noch einmal sehen können, auch wenn der Verstorbene verletzt ist oder nicht mehr so aussieht wie zu Lebzeiten. Wenn die Angehörigen das wollen, nehme ich sie auch zur Waschung des Verstorbenen mit. Die Realität hilft häufig, den Abschied zu begreifen. Und oft sind die Bilder, die man sich macht, wenn man den Verstorbenen nicht noch einmal sehen kann, schlimmer als die Realität. Zudem finde ich, dass es Trauernden hilft, sich einzubringen. Alles, was man selbst tun kann, hilft dabei, sich nicht nur ohnmächtig zu fühlen." Mittlerweile arbeitet Lydia Gastroph mit Stephan Alof zusammen. Der gelernte Intensivkrankenpfleger und Gastronom ist zuständig für Seelsorge und Trauerreden. Er ist Buchautor, hat sich unzählige Gedanken über das Abschiednehmen gemacht – und darüber, wie der Tod im Leben wieder einen Platz bekommt. Die beiden ergänzen sich wunderbar.

Ein Sprichwort sagt, am Anfang eines Lebens bräuchte es ein ganzes Dorf, um ein Kind zu erziehen. Vielleicht braucht es auch eine Gemeinschaft, um – wenn ein Leben zu Ende geht – einen Abschied zu gestalten, um sich unterstützt und getragen zu wissen und mit der Trauer und dem Schmerz zurechtzukommen.

ETAPPE 1+2

SO VIEL LEBEN ÜBERALL

▼ MÜNCHEN ▼ SCHÄFTLARN ▼ ANDECHS ▼

SO VIEL LEBEN ÜBERALL

DER LEBENSADER FLUSSAUFWÄRTS FOLGEN
▼

Am nächsten Tag beginnt nun endlich mein Weg. Ich durfte in München bei einer Freundin übernachten. Als ich mich von ihr verabschiede, weiß ich, dass ich in den kommenden Tagen sicherlich hin und wieder mir vertraute Menschen vermissen und viel auf mich selbst gestellt sein werde. Der Himmel hängt voller dunkler Wolken, dennoch bin ich guter Stimmung und freue mich auf das, was vor mir liegt. Die U-Bahn bringt mich ins Herz von München. Vom Marienplatz aus gehe ich über den Viktualienmarkt. Beim Kloster Sankt Jakob am Anger ist der offizielle Startpunkt des Münchner Jakobswegs, der irgendwann mit den Wegen aus anderen Richtungen verschmilzt und schließlich bis nach Santiago de Compostela führt. Ganz so weit werde ich nicht gehen, aber dennoch liegen elf Tage Fußmarsch bis nach St. Gallen vor mir. Heute stehen gerade mal 22 Kilometer – eine verhältnismäßig kurze Wegstrecke also – bis nach Schäftlarn auf dem Plan.

Ich spaziere über den Gärtnerplatz bis zur Isar, die ich dort an der Brücke überquere. Gemächlich wandere ich an der Museumsinsel vorbei und folge dem Lauf des Flusses, der sich wie eine Lebensader durch die Millionenstadt schlängelt. Es ist Wochenanfang, etliche Autos fahren an mir vorbei, Menschen auf Fahrrädern oder zu Fuß, allein, mit Kindern oder Hunden kommen mir entgegen. Ich bin Zaungast der normalen Hektik, der Lebendigkeit einer Großstadt. Der Gedanke, ob ich so viele Tage mit den Themen Tod und Trauer an meiner Seite aushalten kann, streift mich kurz. Doch er bleibt nicht haften, löst sich auf wie feiner Dunst in der Sonne, die nun immer wieder durch die Wolken bricht. Ich entdecke die markanten Türme der Kirche St. Maximilian auf der anderen Flussseite, die wegen ihrer Ähnlichkeit mit der entsprechenden Kathedrale in Paris Notre-Dame der Isar genannt wird. Mir fällt ein, dass nicht weit davon entfernt der denkmalgeschützte Alte Südfriedhof liegt. Viele beeindruckende Persönlichkeiten, wie etwa der Physiker Georg Ohm, die deutsch-schwedische Politikerin Ellen Ammann oder der Maler Carl Spitzweg, sind hier begraben. Auch wenn diese Menschen heute noch bekannt sind und ihr Wirken auch in der Gegenwart Bedeutung hat, war deren Leben – wie jedes Leben – endlich.

Ich folge weiter der Isar bis zum Flaucher. Noch ist es nicht Sommer und deshalb ruhig und beschaulich, doch in wenigen Wochen werden hier zahlreiche Menschen die Kiesbänke als Naherholungsgebiet direkt in der Stadt nutzen. Vorbei am Tierpark Hellabrunn gehe ich weiter Richtung Süden. Über den Mariensteg wechsle ich die Flussseite. Den Trubel der Großstadt habe ich bereits hinter mir gelassen. Ich habe einen guten Tritt gefunden, gehe in meinem eigenen Rhythmus und fühle eine angenehme Leere und eine Zufriedenheit, mich ganz aufs Gehen konzentrieren zu dürfen.

Es dauert etwas mehr als eine Stunde, bis ich merke, dass auch mein Bauch sich leer anfühlt und ich Hunger habe. Ich lege eine kleine Pause ein, esse meinen Proviant – etwas Obst, das ich mitgenommen habe – und fühle mich gestärkt für das noch vor mir liegende Wegstück.

Kurze Zeit später entferne ich mich vom Wasser. Es geht nun durch Auwälder. Als ich eine kleine Schotterstraße erreiche, weiß ich, dass mein heutiges Ziel nicht mehr weit ist.

Etwa eine Stunde später komme ich in Schäftlarn an. Ein einfaches Zimmer im Klosterbräustüberl wartet auf mich. Auch wenn meine erste Etappe eine der kürzesten war, freue ich mich jetzt, die Beine hochzulegen.

LEICHTIGKEIT UND AUSBLICK
▼

Am zweiten Tag meines Jakobsweges breche ich gleich nach dem Frühstück auf in Richtung Andechs. Erst gehe ich ein Stück auf der Straße, dann biege ich ab und muss eine Anhöhe nach oben. Jetzt macht sich mein Rucksack bemerkbar, mit dem zusätzlichen Gewicht ist eine Steigung merklich mühsam. Doch dann ist der kurze Aufstieg geschafft und der ebene Weg führt direkt in einen Wald. Ich passiere eine kleine Holzkapelle, höre Vogelgezwitscher, rieche das Harz der Bäume und fühle mich rundum wohl.

Kurz darauf unterquere ich die Autobahn. Als ich das monotone Rauschen des Schnellverkehrs wahrnehme, fällt mir auf, wie dankbar ich bin, heute nicht hastig von A nach B zu müssen, sondern Zeit zu haben. Ich genieße meinen Weg, freue mich über Menschen, denen ich in den wenigen Orten, durch die ich gehe, begegne und die mir freundlich zunicken. Und über die gute Luft im nächsten Forst, den ich durchwandere, freue ich mich auch, obwohl – oder vielleicht sogar weil – ich mich kurz orientieren muss. Ich suche nach der markanten Jakobsmuschel, die als Wegweiser dient, und finde die richtige Abzweigung, die mich direkt zum Starnberger See führt.

Wenn ich ehrlich bin: Ich hätte mir Sonnenschein gewünscht. Doch wie gestern ist das Wetter trüb. Aber weder das Wetter, noch das Ende eines Lebens liegen in unserer Hand. Immer wieder sind wir herausgefordert, uns mit den Gegebenheiten zu arrangieren. Auch ich habe da keine andere Wahl.

Als ich den See schließlich erreiche, bleibe ich am Ufer stehen und halte inne. Es ist faszinierend, welche Anziehungskraft dieses Gewässer auf mich ausübt. Wäre die Sicht klar, könnte man von hier bis zu den Alpen blicken. Heute sieht man nur Grau. Es ist, wie es ist, denke ich.

Mein Weg führt noch ein Stück durch den Ort, der genau wie der See Starnberg heißt. Dann biege ich links ab und folge dem Wegweiser Richtung Maisinger Schlucht. Kaum dass ich das alte Wasserwerk am Ortsrand passiert habe, reißt der Himmel an einzelnen Stellen auf und die Sonne kommt für einige Momente durch. Das Licht wärmt nicht nur mein Gesicht, sondern auch mein Inneres. Ich gehe vorbei an üppigen Wiesen, die von unzähligen Löwenzahnblumen gelb gesprenkelt sind. Das zarte Hellgrün der ersten Blätter an den Bäumen sieht satt und verheißungsvoll aus. Ein Holzsteg über den Maisinger Bach führt zu einer Feldkapelle. Um mich herum ist ein wahres Naturparadies, in dem die unterschiedlichsten Pflanzen und Tiere ihren Lebensraum haben. Würde jetzt noch die Sonne scheinen, wäre hier wahrscheinlich ein wunderbares Spiel von Licht und Schatten zu beobachten, doch der Himmel hat sich wieder zugezogen.

Am Ende der Maisacher Schlucht tauchen die ersten Häuser auf. An einem Zaun hängt eine von Kinderhand beschriftete Leinwand: *Do more things you love.* Genau, das sollte ich beherzigen. Nicht nur jetzt auf dem Münchner Jakobsweg, sondern am besten jeden Tag.

Ich halte wieder Ausschau nach der Jakobsmuschel, die die Richtung vorgibt. Als ich den kleinen Ort verlasse, fängt es zu tröpfeln an. Noch bin ich gelassen: Solange es nicht stärker regnet, komme ich gut damit zurecht.

MIT WORTEN TRAUER BEGLEITEN
Gespräch mit Trauerrednerin Regina Dalen

▼

Kurz bevor ich das Kloster Andechs erreiche, wo ich heute übernachten werde, verlasse ich den Jakobsweg und mache einen kleinen Abstecher. Es geht bergauf. In einem Dorf nahe des Klosters treffe ich Regina Dalen. Sie ist Trauerrednerin, ich bin im Internet auf sie gestoßen.

Ich werde herzlich von ihr begrüßt. Und nicht nur das: Sie hat auch für uns beide gekocht. Ich fühle mich in Regina Dalens Gegenwart sofort wohl – was nicht nur an der herrlich duftenden Gemüsequiche liegt, die im Ofen gart. Den dazugehörigen Salat bereitet Regina gerade noch zu. Jeder Handgriff wirkt routiniert und wie nebenbei. Dann setzt sie sich zu mir an den Tisch – und überrascht mich mit ihrer Antwort auf meine Frage, wie sie denn dazu gekommen sei, Trauerrednerin zu werden.

„Ursprünglich habe ich eine Ausbildung zur Bankkauffrau gemacht. Weil ich immer gerne gelernt habe, habe ich danach noch Volkswirtschaft studiert. Und anschließend wieder in einer Bank gearbeitet."

Für mich ist das ein großer Kontrast: die Arbeit im Finanzbusiness, gewinnorientiert und mit hohem Tempo – und die leise, mitfühlende und zugewandte Begleitung von

Trauernden. „Mir hat meine Stelle gut gefallen. Damals herrschte bei uns in der Bank ein großer Zusammenhalt unter den Mitarbeitenden. Ich durfte viel lernen, konnte einige Fortbildungen machen – auch solche, die mich über den Tellerrand hinausblicken ließen."

Regina Dalen konnte sich über die Jahre weiterentwickeln, hat sich in einer Coachingausbildung mit Kommunikation und Psychologie beschäftigt. Hat ihre neuen Kenntnisse im Bereich Mitarbeiterführung eingebracht. Doch dann musste sie feststellen, dass sie schnell als anstrengend und schwierig galt, wenn sie versuchte, die Bedürfnisse des Teams in den Fokus zu nehmen.

„Ich passte irgendwann immer weniger in das System", meint sie. „Und ich wurde immer unzufriedener."

Als ihre Eltern kurz hintereinander sterben, markiert das einen Wendepunkt in ihrem Leben: Sie steigt aus, kündigt mit Mitte 50 ihren sicheren, gut bezahlten Job, will etwas anderes machen.

„Mein Vater verstarb unerwartet. Er ist nach einer OP verblutet. Das war erst einmal ein Schock. Doch dann wusste ich ganz schnell: Ich werde an seiner Beerdigung diejenige sein, die dort spricht. Die Worte, die ich sagen wollte, waren sofort da."

Ich habe bisher erlebt, dass Menschen, die gerade jemanden verloren haben, sich unfähig fühlen, am Grab etwas zu sagen. Dass sie das Gefühl haben, die Stimme würde nicht halten, sie würden beim Reden die Fassung verlieren, von der Trauer überwältigt werden.

„Für mich war die Rede am Grab meines Vaters der richtige Weg, Abschied zu nehmen. Ich war natürlich sehr bewegt. Und mir war bewusst, dass mir an manchen Stellen der Rede das Sprechen schwerer fallen wird. Gleichzeitig wusste ich, dass ich das kann. Rückblickend hat mir das Reden bei der Beerdigung meines Vaters geholfen, mit meiner Trauer umzugehen. Ich habe in meiner Rede nichts beschönigt. Habe die Dinge angesprochen, wie sie eben waren. Aber dabei habe ich von Herzen gesprochen."

Regina Dalen beschließt, eine Ausbildung zur Trauerrednerin zu machen. Denn sie hat selbst erlebt, welche Wirkung gute Worte am Grab haben können. Sie spricht auch auf der Beerdigung ihrer Mutter, die neun Monate später stirbt. Schließlich wird Trauerrednerin zu ihrem Beruf. Und der macht für sie Sinn.

„Viele Angehörige sehnen sich nach dem Tod eines nahestehenden Menschen die Beerdigung herbei, weil sie erst dann in einen Trauerprozess gehen können, weil erst dann der Abschied bewältigt werden kann. Davor sind viel zu viele Formalien zu klären. Es muss so viel organisiert werden. Man funktioniert. Deshalb ist eine persönliche Rede am Grab auch ein wichtiger Bestandteil des Abschiednehmens, des Innehaltens – ein Ende und gleichzeitig ein Beginn, sich mit dem Tod und dem Abschied auseinanderzusetzen."

Für Regina Dalen ist das Reden auf Trauerfeiern und Beerdigungen aber nicht nur ein Job. „Wenn ich eine Trauerrede halte, fühle ich das, was ich sage. Die Eindrücke, die ich aus dem Vorgespräch mit den Angehörigen bekommen habe, spiegeln sich in meinen Worten wider. Es ist ja nicht nur irgendein Text, den ich da lese. Es sind Worte des Abschieds, aber auch des Erinnerns. Für eine Trauerrede braucht es Empathie und die versuche ich, in die Worte hineinzulegen. Ich glaube, die Menschen am Grab spüren das."

Wenn sich Angehörige an Regina Dalen wenden, vereinbart sie mit ihnen ein persönliches Treffen. Am liebsten vor Ort, um ein Gefühl für das Leben des Verstorbenen zu bekommen. Sie lässt sich von den Trauernden erzählen, nimmt auf, was gesagt wird, und formuliert im Anschluss ihre Ansprache.

„Ich versuche, die Hinterbliebenen abzuholen. Deshalb beginne ich meine Rede immer mit der aktuellen Situation, spreche die Trauernden persönlich an: Was ist passiert? Wie fühlen sich die Angehörigen wohl? Ich finde, das muss ausgesprochen werden. Danach erzähle ich von dem Menschen, den man gerade verabschiedet. Natürlich sind da auch ein paar Eckdaten dabei. Aber viel wichtiger finde ich die Geschichten, die mir die Angehörigen anvertraut haben. Kleine Begebenheiten oder Anekdoten, die im Leben des oder der Verstorbenen eine Rolle gespielt haben. Eigenheiten, bestimmte Sätze oder Dinge, die der Mensch immer wieder gesagt oder getan hat. Dafür versuche ich, liebevolle Worte zu finden. Für die heiteren Momente, aber auch für die schweren, traurigen. Denn es ist ja wichtig, auch mit den nicht so schönen Dingen abschließen zu können. Dabei geht es nicht um Vollständigkeit. Ich habe den Anspruch, mit meinen Reden Bilder entstehen zu lassen."

Mir kommt der Gedanke, dass Regina Dalen viel mehr ist, als die Rednerin am Grab. Sie nimmt sich Zeit, blickt hinter die Fassade. Hat Interesse, hört zu und fragt nach. Hilft Trauernden, sich zu sortieren. Und wirkt dabei unerschrocken. „Ich habe keine Angst vor der Trauer", bestätigt sie meine Vermutung.

Mich interessiert, ob Regina schon einmal mitweinen musste, wenn den Angehörigen im Gespräch die Tränen kommen. Die Trauerrednerin nickt. „Ja, manchmal schon. Das, was mir die Leute erzählen, lässt mich nicht kalt. Aber es zieht mich auch nicht runter. Eigentlich löst es mehr ein anderes Gefühl in mir aus: Ich freue mich dann, dass der oder die Verstorbene so tolle Menschen um sich hatte. Natürlich tut Trauer weh. Aber es ist auch schön, dass der Mensch auf der Welt war."

Stabilität und Sicherheit, das strahlt Regina auf mich aus. Und das sind bestimmt auch wichtige Voraussetzungen, die in der Begleitung von Trauernden, die gerade einen endgültigen Abschied zu verarbeiten haben, helfen.

„Gab es denn schon einmal eine Situation im Kontakt mit Trauernden, in der Ihnen diese Sicherheit verloren gegangen ist? In der Sie sich hilflos fühlten?", möchte ich wissen.

Regina Dalen nickt. „Ja, einmal habe ich erlebt, dass Angehörige gar keine Emotionen gezeigt haben – oder zeigen konnten. Dass sie einfach nicht sprachen. Ich habe damals versucht, erst ganz allgemein über das Ritual des Abschiednehmens zu reden. Habe nachgefragt, was sie mit dem Bestatter schon alles besprochen haben. Nach und nach konnten sich die Angehörigen schließlich öffnen. Auf ihre Weise. Aber das war in Ordnung. Ich habe in dem Gespräch gespürt, dass sie nicht nur ihren Vater, sondern auch den Menschen, der in der Familie bisher das Wort geführt und die Richtung vorgegeben hat, verloren hatten."

In ihren Trauerreden greift Regina Dalen dann auch gern die Sätze der Angehörigen auf. Den Wortlaut der Beschreibungen über den Verstorbenen. „Schwierig wird es, wenn das in Bairisch ist. Das kann ich nämlich nicht, obwohl ich schon lange hier lebe", meint die im Ruhrgebiet geborene Rednerin und schmunzelt.

Ich frage Regina Dalen, wo denn ihre Begleitung aufhört. Ob sie auch nach der Beerdigung noch Kontakt zu den Trauernden hält. „Ich werde häufig zum Leichenschmaus eingeladen. Aber das lehne ich höflich ab. Ich gehöre ja nicht zur Familie oder zu den Freunden. Ich habe da einfach nichts zu suchen, finde ich. Und weiteren Kontakt über die Beerdigung hinaus gab es bisher noch nicht. Aber das möchte ich in Zukunft gerne anbieten. Also Trauerbegleitung. Ich durfte selbst erleben, dass es guttut, über seine Trauer zu sprechen. Dazu bin ich nach dem Tod meiner Eltern in eine Trauergruppe gegangen, was mir sehr geholfen hat. Da wurde gemeinsam gelacht und geweint. Dort habe ich so viele verschiedene Trauernde kennengelernt und erfahren: Trauer äußerst sich ganz unterschiedlich. Die ist nicht planbar. Manchmal überfällt sie einen einfach. Unerwartet, obwohl man denkt, dass man doch schon so viel weiter wäre. Man sagt nicht ohne Grund ‚Trauerarbeit'. Denn Trauer ist Arbeit, kostet Energie, laugt aus. Man muss der Trauer also Raum geben. Und es gibt keinen Maßstab, wie lange Trauer dauern darf. Ich finde, es hilft, sein Erleben mit anderen zu teilen. Und sich bewusst zu machen, was man in seinem Leben schon bewältigt hat."

Dazu braucht es vielleicht einen Menschen wie Regina, der die passenden Fragen stellt, der andere begleitet auf ihrem Weg aus dem Tal der Tränen, denke ich.

Die Gemüsequiche ist fertig. Regina bittet mich, die Kerze anzuzünden, die auf dem Tisch steht. Es ist gemütlich und heimelig, hier in Regina Dalens Küche. Wir essen, plaudern. Meine Beine sind etwas schwer, aber ich fühle mich wohl.

Bevor ich wieder aufbreche und meinen Weg fortsetze – es sind nur noch rund sieben Kilometer bis zu meinem heutigen Ziel – hat Regina noch eine wichtige Botschaft für mich.

„Durch den Verlust meiner Eltern habe ich nicht nur mein Leben und meine berufliche Situation umgekrempelt. Ich habe auch etwas ganz Maßgebliches gelernt: Das Leben sollte man vom Tod aus betrachten. Vom Ende her denken. Sich überlegen, ob das, was man gerade tun will, am Ende des Lebens Bedeutung haben wird. Sich Zeit nehmen, für das, was einem wichtig ist. Für das, was man auch an dem Tag, an dem man geht, noch gut finden wird. Sich fragen, was man in seinem Leben wirklich gemacht haben will. Jedes Trauergespräch bestärkt mich darin, genau so an mein Leben heranzugehen. Mich macht der Gedanke zufrieden. Und ruhig. Und ich habe deshalb auch keine Angst vor dem Tod."

UNERWARTETE BEGEGNUNG
▼

Gut eineinhalb Stunden Weg liegt vor mir, als ich mich von Regina Dalen verabschiede. Es tröpfelt immer noch. Während ich an Wiesen und Pferdekoppeln vorbeigehe, werfe ich immer wieder einen prüfenden Blick in den Himmel und hoffe, dass der Regen nicht stärker wird. Doch ich habe das Gefühl, dass sich diese Hoffnung nicht erfüllt, und das gefällt mir gar nicht.

Nach zehn Minuten frischt ein Wind auf und mir ist augenblicklich kalt. Es bleibt mir nichts anderes übrig, als meine Regenjacke aus dem Rucksack zu holen. Keine Minute zu früh, denn kaum habe ich die Kapuze über den

Kopf gezogen, fängt es an zu schütten. Ich schimpfe lautlos vor mich hin. Der Regen taucht die ganze Umgebung in einen undurchdringlichen Schleier. Meine Schritte patschen in den Pfützen, die sich sofort gebildet haben, ein monotones Rauschen begleitet mich. Die Autos, die mir entgegenkommen, haben alle ihre Scheinwerfer angeschaltet. Es ist nachmittags, aber plötzlich ist es richtig dunkel.
Ich bin sehr erleichtert, als ich endlich das Kloster Andechs auf dem Berg in der Ferne entdecke. Das Gehen im Regen ist kräftezehrend. Immerhin war ich heute zudem fast 28 Kilometer zu Fuß unterwegs. Ziemlich erschöpft schleppe ich mich den Klosterberg nach oben.

Der nette Empfang an der Klosterpforte ändert zwar nichts daran, dass ich patschnass bin, aber die freundlichen Worte tun gut und ich entspanne mich ein wenig. Ich bekomme ein einfaches und kleines, aber sauberes Zimmer im Gästerefugium zugewiesen. Der Waschraum und die Toiletten sind auf dem Flur. Die heiße Dusche fühlt sich besser an als jede Wellnessanwendung. Meine Lebensgeister sind wieder geweckt.
Als ich in frische, trockene Kleidung schlüpfe, fühle ich mich richtig gut und beschließe, mir zur Belohnung für den tapferen Marsch im Regen ein Eis zu gönnen. Die Gastronomie hier im Kloster ist vor allem wegen des berühmten Biers bekannt. Aber es gibt auch noch anderes. Im Klostercafé hängt eine Tafel mit ausreichend Auswahl.
Während ich überlege, für welches Eis ich mich entscheiden soll, stellt sich eine Frau neben mich, auch sie studiert die Speisekarte. „Ich brauche noch ein wenig", informiert

sie mich, als ich sie vorlassen möchte. „Aber ich habe ja auch Zeit. Ich werde hier im Kloster übernachten."

Es dauert einen Moment, bis ich kombiniert habe: Im Kloster werden nur Pilger beherbergt. Also muss die Frau auch auf dem Münchner Jakobsweg unterwegs sein. Als ich sie darauf anspreche, ist sie genauso erfreut, eine Gleichgesinnte zu treffen, wie ich.

„Ich bin Astrid aus Köln", stellt sie sich vor.

Wir setzen uns – sie mit Kaffee und ich mit Eis – an einen Tisch und tauschen uns über unseren bisherigen Weg aus. Darüber, wie es unseren Füßen geht. Und darüber, wer wann wie nass geworden ist. Wir lachen und es ist befreiend und schön, das Erlebte zu teilen.

Dann stellen wir fest, dass wir uns morgen die gleiche Route vorgenommen haben und sogar in derselben Pilgerherberge übernachten werden. Also verabreden wir uns, nach dem Frühstück gemeinsam loszugehen. Ich freue mich sehr über die Aussicht, den Weg morgen in Gesellschaft zu gehen. Und Astrid freut sich auch.

DA SEIN FÜR STERBENDE
Gespräch mit Pater Valentin, klinischer Seelsorger

▼

Am Abend treffe ich Pater Valentin. Er ist seit 31 Jahren Benediktinermönch – erst elf Jahre in München, aber schon seit 20 Jahren hier in Andechs. Als ich nachfrage, ob das Leben im Kloster immer schon sein Plan gewesen sei, lacht er. „Nein, ich bin eigentlich gelernter Winzer. Ich stamme aus einem Weingut in der Pfalz. Als ich nach Bayern kam und ins Kloster eingetreten bin, habe ich sozusagen vom Wein zum Bier gewechselt."

Mittlerweile war er als Pfarrer in verschiedenen Pfarreien tätig und hat eine Ausbildung als klinischer Seelsorger.

„Die Ausbildung war die intensivste, die ich je gemacht habe. Es ging dabei sehr viel um Selbsterfahrung. In der Begleitung von Kranken und Sterbenden muss man persönlich sehr gefestigt sein. Denn das Thema Sterben ist ein großes", findet er. „Und oft auch ein schweres – gerade für die Hinterbliebenen. Denn die werden häufig mit ihrem Schock, ihrem Verlust und Schmerz allein gelassen."

Im Kloster Andechs kümmert sich Pater Valentin auch um Wallfahrer und Pilgergruppen. Daneben ist er im Klinikum München-Neuperlach als Seelsorger tätig. Und das erfüllt ihn.

„Sterben ist etwas Elementares", berichtet der Benediktiner von seinen Erfahrungen. „Wenn ich im Klinikum in ein Zimmer komme, wo es um Leben und Tod geht, dann spielt so viel anderes keine Rolle mehr. Da könnte man dem Menschen viele Millionen Euro neben das Bett stellen – das wäre völlig uninteressant. Glücklicherweise erlebe ich, dass die meisten Menschen, die ich im Sterben begleitet habe, in Frieden mit sich und der Welt gestorben sind."

Nicht nur für die Kranken und Sterbenden, auch für die Angehörigen versucht der katholische Pfarrer da zu sein. Ganz egal, ob sie gläubig sind oder nicht.

Ausgleich zu seiner Tätigkeit im Krankenhaus findet er dann hier in Andechs. „Ich achte darauf, dass ich regelmäßig etwas mache, was mir selbst guttut."

Das ist sicher notwendig. Im Klinikum Neuperlach ist

SO VIEL LEBEN ÜBERALL

Pater Valentin für vier Stationen zuständig. „Wenn es gewünscht wird, dann gebe ich natürlich auch die Krankensalbung. Aber grundsätzlich arbeiten wir dort im Krankenhaus in der Begleitung Kranker und Sterbender im Team. Wir besuchen alle, die das wünschen – egal, welche Religion der- oder diejenige hat. Wenn das Leben eines Menschen zu Ende geht, klären wir auch ab, ob wir beispielsweise für muslimische Menschen einen Imam holen sollen. Oder eine andere Person, die Bedeutung hat", erklärt er.

Das Besondere an der Arbeit als klinischer Seelsorger sei es, Zeit zu haben.

„Ich sage mir immer wieder morgens beim Betreten des Krankenhauses, ich bringe heute Zeit mit und Menschlichkeit. Das beginnt dann schon beim Eintreten ins Patientenzimmer: Ich nehme mir Zeit, um den Menschen persönlich zu begrüßen. Spreche ihn an. Wenn er oder sie nicht reden kann, bleibe ich einen Moment stehen. Dann entsteht manchmal so etwas wie ein Resonanzbogen. Und wenn ein Mensch im Sterben liegt, dann kann ich bei ihm bleiben. Ich habe die Freiheit, mich auch über längere Zeit ans Bett zu setzen. Ohne Eile und Terminbruck. Ich kann da sein. Manchmal auch aushalten. Da muss ich nicht viel sagen. Oft habe ich auch gar nicht die richtigen Worte. Manchmal greife ich auf, was gerade da ist: Ich spreche den Menschen auf das Familienfoto an, das auf seinem Nachttisch steht. Oder auf den Anhänger an seiner Kette. Oder auf die Blumen im Zimmer. Ich erlebe, dass die Menschen für dieses Interesse dankbar sind. Dadurch ist echte Begegnung möglich, die sehr tief geht. Distanz und Abstand haben wir in unserer Gesellschaft genug. Die sollte es nicht auch noch bei Krankheit oder am Ende des Lebens geben. Menschliche

Begegnung – nicht übertrieben oder überfrachtet, sondern herzlich und echt – ist für beide Seiten bereichernd." Doch nicht immer fühlt sich für den Seelsorger die Begleitung von Sterbenden harmonisch an.

„Gerade, wenn ein Mensch leidet oder unruhig ist, dann ist es schon auch schwer, das mitzutragen", erzählt Pater Valentin. „Dennoch: Ich finde es eine zutiefst sinnvolle Tätigkeit, die meine Kolleginnen und ich da machen. Manchmal fangen Sterbende auch an, über sich und ihr Leben zu erzählen. Da werde ich beschenkt mit interessanten Lebenserfahrungen. Oder ich spüre, dass ein Mensch Angst hat. Und da kann ich da sein, kann die Angst ansprechen. Und vielleicht einen kleinen Beitrag dazu leisten, dass die Menschen sich irgendwie aussöhnen. Und letztlich ihren Seelenfrieden finden."

Schon früh war Pater Valentin klar, wie wichtig es ist, sich um Alte, Kranke und Sterbende zu kümmern.

„Mich wirft auch so schnell nichts um. Aber wenn es ganz schwirig für mich ist und ich gerade keinen Rat mehr habe, dann hole ich meine Chefin von der Krankenhausseelsorge oder tausche mich mit meinen Kolleginnen aus. Die gehen oft ganz anders an Situationen heran. Und das ist gut so. Denn so können wir immer wieder die Perspektiven wechseln."

Rückhalt findet Pater Valentin natürlich auch in seinem Glauben: „Jesus war Gott und Mensch. Ganz Gott und ganz Mensch. Er hat alles erlebt, was ein Mensch eben so durchmacht. Auch für ihn gab es nicht nur heile Welt. Er hat selbst ebenso Not, Wut, Trauer erlebt. Deshalb will Jesus auch in schwirigen Momenten bei uns sein, weil er die selbst erfahren hat. Das finde ich tröstlich. Und natürlich gibt mir auch mein Glaube an die Auferstehung Halt. Der Glaube daran, dass es etwas gibt, das über dieses Leben hinausreicht."

Nicht nur Pater Valentin, auch viele andere Menschen finden Sicherheit und Trost in ihrem Glauben und ihrer Spiritualität. Doch wenn ein nahestehender Mensch stirbt, stellt sich für manche die Frage: Wenn es einen Gott gibt, wieso hat er dann den Tod dieses Menschen zugelassen? Und nicht wenige hadern an dieser Stelle mit ihrem Glauben. Mich interessiert, wie der Seelsorger als Kirchenvertreter mit der Frage nach dem Warum umgeht.

„Ich kann Ihnen nur sagen: Da habe ich keine Antwort. Und wenn jemand ganz schnell mit einer Antwort daherkommen würde, dann wäre ich da sehr skeptisch. Ich kann das Hadern gut verstehen. Das gehört für mich auch zum Glauben. Ich selbst muss dieses Warum ebenso aushalten. Das ist nicht leicht. Und das kann man auch nicht wegreden. Wenn ein Mensch stirbt, dann ist das hart. Doch leichter wird es, wenn man beschließt, dass man loslassen kann. Dass der Tod unabänderlich ist und man den Menschen schließlich gehen lässt. Mir hilft, wenn ich an die Schilderungen von Menschen mit Nahtoderfahrungen denke: Die berichten häufig, dass sie es als völlig unwirklich empfunden haben, wieder in diese Welt zurückgekommen zu sein. Weil sie schon weg waren. Weil alles schon erfüllt war. Weil sie ins Licht gegangen sind und sie dort aufgehoben und geborgen waren. Das macht mir Mut. Und es deckt sich mit meinem Glauben. Andere legen das anders aus. Aber das Tröstliche, dass am Ende doch etwas Gutes, Leuchtendes wartet, steckt da doch für alle drin."

ETAPPE 3

AUF DAS ANDERE UFER

▼ ANDECHS ▼ WESSOBRUNN ▼

AUF DAS ANDERE UFER

DAS ENDE FREUNDLICH GESTALTEN

Gespräch mit Astrid Jung, OP-technische Assistentin

▼

Am nächsten Morgen treffe ich Astrid, die schon mit gepacktem Rucksack am Tisch sitzt, im Frühstücksraum. Ein leichtes Kribbeln im Bauch ist Zeichen meiner Vorfreude, heute meinen Weg mit jemandem zu teilen. Denn wenn ich ehrlich bin: Das Gehen gestern – gerade, als der Regen jeden Schritt schwer machte – hat in mir ein dumpfes Gefühl von Einsamkeit ausgelöst. Die Gesellschaft beim Gehen, die mich heute erwartet, bringt eine gewisse Leichtigkeit zurück – auch wenn die Sonne auf sich warten lässt und die Umgebung draußen in Nebel getaucht ist.

Nach dem Frühstück schultern wir beide unsere Rucksäcke und sind startklar. Doch einen Moment halten wir noch inne, denn der in hell-dunstige Schleier gehüllte Kirchturm der Klosterkirche bietet einen fast magischen Anblick. Dann gehen wir los.

Ein kleiner Fußweg schlängelt sich in Serpentinen den Klosterberg nach unten. Es ist nicht besonders weit bis nach Herrsching, einem Ort am Ufer des Ammersees und unser erstes Zwischenziel heute.

Trotz der geringen Entfernung müssen wir immer wieder nach Wegweisern, die der Nebel verschluckt, Ausschau halten, um uns nicht zu verlaufen. Schließlich passieren wir das Ortsschild Herrsching und lenken unsere Schritte zielgenau zur Schiffsanlegestelle. Wir haben beschlossen, die Etappe ein wenig abzukürzen und mit der Fähre nach Dießen auf die andere Seite des Sees zu fahren. Die Überfahrt ist wegen des Nebels wenig aussichtsreich. Doch ich genieße die Zeit auf dem Schiff trotzdem – ich habe ja nette Begleitung.

Als wir in Dießen wieder an Land gehen, steuern wir als erstes einen der zahlreichen Fischhändler an und entscheiden uns für ein Fischbrötchen auf die Hand als zweites Frühstück. Dann geht es – immer noch im trüben Dunst – den Berg hoch bis zum Münster. In der imposanten Barockkirche holen wir uns den obligatorischen Jakobswegstempel für unseren Pilgerpass. Geschafft – wir lassen den Ort hinter uns und mit jedem Schritt lichtet sich die Nebelsuppe.

Wenig später ist es ein herrlicher Sonnentag, allein die sumpfigen Wiesen, die wir überqueren müssen, zeugen davon, dass es gestern noch ganz anders aussah. Der Jakobsweg ist gut ausgeschildert und nach kurzer Zeit erreichen wir den Mechthildisbrunnen, dessen Wasser gegen Augenleiden aller Art helfen soll. Ich tupfe mir ein wenig davon auf die Augenlider. Ob die Heilkräfte zutreffen, kann ich nicht beurteilen, jedenfalls ist das kühle Nass angenehm. Dann setzen wir unseren Weg fort.

Sicherlich liegt es nicht am Brunnenwasser, als plötzlich in der Ferne die Alpen gestochen scharf in Sicht kommen. Was für ein Ausblick!

Astrid und ich entdecken eine kleine Bank am Wegrand, die sich perfekt für eine Pause mit Bergpanorama eignet. Wir nehmen Platz und Astrid beginnt, ein wenig von sich zu erzählen – und überrascht mich damit. Denn es stellt sich heraus, dass meine Wegbegleiterin sich gut mit dem Tod auskennt. Sie ist OP-Schwester an einem Kölner Krankenhaus. Und sie war darüber hinaus in ihrem Leben schon häufig mit dem Sterben konfrontiert.

„Früher habe ich öfter erlebt, dass Menschen im OP sterben. Da war ich noch junge Pflegerin mit Anfang 20. Heute ist das glücklicherweise weniger geworden. Das liegt vor allem daran, dass ich jetzt in einer Klinik arbeite, in der wir nicht so viele akute Fälle haben", beginnt Astrid zu erzählen. „Aber ich kann gut mit dem Sterben umgehen. Der Tod gehört zum Leben dazu. Das ist der Lauf der Dinge."
Anders als andere Menschen hat Astrid sich durch ihre Berufswahl bewusst dafür entschieden, mit Krankheit und Sterben konfrontiert zu sein.
„Krankenschwester war für mich mehr eine Berufung als ein Beruf. Ich wollte das auch immer schon machen. Was mich aber viel mehr als das Sterben von Menschen beschäftigt, ist die Tatsache, dass viele alte Menschen einsam sind und ihren letzten Weg ganz alleine gehen müssen. Es tut mir immer sehr leid, wenn ich sehe, dass sie schwer krank in der Klinik liegen und niemand kommt, um sie zu besuchen. Es war auch schon mal so, dass jemand nicht einmal eine Zahnbürste dabeihatte, nachdem er ganz schnell vom Notarzt ins Krankenhaus gebracht wurde. Dann bin ich nach der Arbeit für denjenigen zum Einkaufen gegangen und habe das Nötigste besorgt. Die Einsamkeit finde ich viel Schlimmer als das Sterben. Das weckt bei mir großes Mitgefühl. Und ich kann das nicht ändern. Aber ich kann die Not vielleicht ein wenig mildern."
Ich frage mich, ob die gelassene Haltung gegenüber dem Sterben daran liegt, dass Astrid eine professionelle Beziehung zu den kranken Menschen hat.
„Das glaube ich nicht", meint sie. „Meine Mutter ist vor elf Jahren gestorben. Es ging sehr schnell. Das war in einer Zeit, in der ich zum ersten Mal einen Pilgerweg gegangen

bin. Ich wollte das einfach mal ausprobieren, ob dieses Weitgehen etwas für mich ist. Ich hatte mich für den ökumenischen Pilgerweg Via Regia von Görlitz nach Vacha entschieden, das ist der Weg an der ehemals innerdeutschen Grenze. Kurz vor Erfurt bin ich umgeknickt. Trotzdem bin ich weitergegangen. Aber nach zehn Kilometern war mein Fuß angeschwollen und ich musste abbrechen. Als ich nach Hause kam, ging es meiner Mutter nicht gut. Ich hatte durch Zufall genau den richtigen Zeitpunkt erwischt, um daheim zu sein und mich um sie kümmern zu können. Nach drei Wochen ging es ihr wieder gut – und mir auch. Da bin ich zurück nach Erfurt und habe meinen Weg zu Ende gebracht. Als ich wieder zurückkam, ging es meiner Mutter wieder schlecht. Und ich war wieder für sie da. Drei Monate später war sie tot. Es hat sich herausgestellt, dass sie Leukämie hatte. Und sie war damals schon dement. Das Sterben meiner Mutter hat die schmerzhafte Begleitung ihrer Demenzerkrankung abgekürzt. So machte das für mich irgendwie Sinn. Dass ich so gut mit dem Tod meiner Mutter zurechtgekommen bin, lag sicher auch daran, dass ich vorher die intensive Auszeit auf dem Pilgerweg hatte. Im Nachhinein denke ich, das hat mich darauf vorbereitet."

Häufig aber kann man sich nicht so direkt auf das Sterben und den Abschied vorbereiten, werfe ich ein.

Astrid nickt. „Das stimmt. Aber man kann sich schon im ganzen Leben darauf vorbereiten. Darauf, dass man sich irgendwann verabschieden müssen wird. Oder andere loslassen muss. Das ist meine Grundeinstellung. Und vielleicht deswegen belastet mich der Gedanke an das Sterben nicht."

Astrid war immer schon unerschrocken, was die Konfrontation mit Sterben und Tod betrifft – nicht erst jetzt, sondern schon in jungen Jahren. „Mit Mitte 20 war ich in Dharamshala in Nordindien und durfte dort den Dalai Lama treffen. In den vier Wochen vor Ort habe ich Cornelia kennengelernt. Ein Blick auf sie sagte mir, dass die Frau sehr krank war. Sie war Mitte 30 und es stellte sich heraus, dass sie Krebs im Endstadium hatte. So lange ich dort war, habe ich mich um sie gekümmert. Mir war wichtig, dass sie nicht alleine ist, wenn es dem Ende zugeht. Als ich abreiste, hat eine Freundin sich weiter um sie gekümmert. Die hat mich dann auch informiert, dass Cornelia irgendwann gestorben ist. Das ist es, was ich machen kann. Ich kann den Tod nicht aufhalten. Aber ich kann versuchen, das Ende des Lebens einfacher zu machen. Oder schöner und freundlicher."

Etwas später, 2001, war Astrid dann sechs Monate lang als Teil des medizinischen Teams der UN-Friedenstruppen im Irak. Danach, 2003, war sie als OP-Schwester für eine italienische NGO in Sierra Leone tätig.

„Die Arbeitsbedingungen waren dort natürlich völlig anders als hier. Und die Verletzungen, mit denen wir es zu tun hatten, waren auch anders als in Deutschland: Es gab viele Verbrennungen oder Schussverletzungen. Glücklicherweise mussten wir nie Minenopfer versorgen. Davor hatten wir am meisten Angst, denn wir hätten da gar keine angemessene Versorgung anbieten können."

„Wird denn im Irak, in Sierra Leone oder überhaupt in anderen Kulturen anders mit Tod und Trauer umgegangen als hier in Westeuropa?", frage ich nach.

„Ja, absolut", erzählt Astrid. „In vielen anderen Ländern wird Trauer viel öffentlicher gelebt. Ich habe laut weinende, schreiende Menschen gesehen, die so auf den Verlust von Nahestehenden reagiert haben. Bei uns ist Trauer viel priva-

ter. Aber ich denke nicht, dass das einen Unterschied macht. Dass das eine gesünder oder besser ist als das andere. Ungünstig ist es nur, wenn man sich keine Zeit zum Trauern lässt. Wenn die Trauer wegen des hektischen Alltags oder der beruflichen Verpflichtungen nicht mehr gelebt wird."
Ich bin berührt und beeindruckt von dem, was Astrid erzählt. Davon, was sie im Rahmen ihrer Tätigkeit als Krankenpflegerin, aber auch bei ihren Reisen und Unternehmungen erlebt hat.
Schließlich möchte ich von der OP-Schwester noch wissen, wie es denn abläuft, wenn ein Mensch in einem Operationssaal stirbt. „Ist es da hektisch? Oder eher ruhig?"
„Strukturiert", antwortet Astrid. „Da läuft ein automatisches Programm ab. Jede und jeder weiß, was zu machen ist. Die Anästhesie überwacht ja die gesamte OP über, wie es dem Patienten geht. Die Narkoseärzte stellen in der Regel schnell fest, wenn es dem Patienten schlechter geht. Sobald die Mediziner am Kopfende des Patienten – dort, wo die Überwachungsgeräte platziert sind – beginnen, schneller zu arbeiten, weiß das OP-Team, was los ist. Wenn es kritisch wird, gibt die Anästhesie das Kommando: Ihr müsst jetzt aufhören zu operieren. Wenn der Patient auf dem OP-Tisch stabilisiert werden muss, arbeiten alle Hand in Hand. Gelingt es nicht, den Patienten am Leben zu halten, ist es in der Regel auch die Anästhesie, die sagt, dass Schluss ist. Und die den Todeszeitpunkt ausspricht."
„Und dann? Was macht dann das OP-Team? Haltet ihr einen Moment inne?", frage ich nach.
Astrid schüttelt den Kopf. „Nein. Da wird das notwendige Programm weiter abgespielt."
„Würdest du während einer OP sterben wollen?", drängt

sich mir die Frage auf. „Denkst du, das ist ein schöner Tod?"

Astrid überlegt einen Moment. Dann antwortet sie: „Das ist für mich eigentlich nicht relevant. Ich denke auch nicht, dass das, was vielleicht nach dem Tod kommt, davon abhängig ist, wie ich sterbe."

Stirbt jemand im Krankenhaus, sind es die Ärztinnen und Ärzte, die den Angehörigen die Todesnachricht übermitteln.

„Das ist etwas, was ich nicht gut könnte", gibt Astrid zu. „Ich hätte zwar keine Angst davor. Aber ich bin mehr der Mensch, der weniger reden, sondern lieber etwas tun möchte. Ich vermute, dass es für mich schwer wäre, die richtigen Worte zu finden. Es gibt andere Menschen, die das viel besser können als ich."

WEGERFAHRUNGEN TEILEN
▼

Am frühen Nachmittag kommen Astrid und ich in Wessobrunn an. Die Pilgerherberge, in der wir übernachten werden, finden wir auf Anhieb. Wir stehen in einem großzügigen Hof vor einem Einfamilienhaus im alpenländischen Stil. Dahinter erstreckt sich eine Wiese, auf der ein Bauwagen steht.

An der Haustür hängt ein Zettel mit zwei Handynummern, unter denen die Herbergsbesitzer zu erreichen sind. Uschi, die Herbergsmutter, geht sofort ran, als wir uns melden, und verspricht, in 20 Minuten da zu sein. Wir könnten aber gerne schon ins Haus gehen. Wo der Schlüssel zu finden ist, beschreibt sie mir ganz unaufgeregt am Telefon. Uschi hat Vertrauen in ihre Gäste, was mich sehr rührt.

Kurz nach uns kommen zwei ältere Frauen an: Hildegard und Ingeborg. Sie sind beide über 80 und gehen den Pilgerweg von München bis kurz vor Marktoberdorf. Weil sie noch keinen Schlafplatz für diese Nacht haben, hoffen sie, hier ein Bett zu bekommen. Leider hat Uschi, die wenig später eintrifft, keinen Platz mehr. Sie organisiert aber schnell eine Übernachtungsmöglichkeit bei Bekannten. Hildegard und Ingeborg sind zufrieden und machen sich auf den Weg.

Nachdem Astrid und ich uns frisch gemacht haben, gehen wir ins Dorf, um einen Kaffee zu trinken. Auf dem Rückweg schlendern wir über den Klosterhof. Hier in Wessobrunn steht die bekannte Tassilolinde, eine Winterlinde mit einem enormen Umfang, die nach Tassilo III. benannt und dafür bekannt ist, dass der bayerische Herzog hier unter dem Baum den Traum hatte, das Kloster Wessobrunn zu gründen.

Ich merke, dass meine Ferse schmerzt. Und Astrid hat für heute auch genug. Deshalb gehen wir zurück zu Uschis Herberge, ohne dem Baum einen Besuch abzustatten.

Als wir wieder bei unserer Unterkunft sind, wartet ein junger Mann vor der Tür, der 19-jährige Luzius aus München. Er bezieht den Bauwagen im Garten. Abends bestellen wir Pizza und setzen uns gemeinsam in die Sonne. Der schöne Tagesausklang tut gut. Denn trotz des Altersunterschieds haben Astrid, Luzius und ich uns viel zu erzählen. Und es fühlt sich an, als würden wir uns schon lange kennen – unsere Gespräche sind persönlich, tief und heiter.

ETAPPE 4+5

SICH ÜBER-WINDEN UND WEITER-MACHEN

▼ WESSOBRUNN ▼ ROTTENBUCH ▼ LECHBRUCK ▼

DEN EIGENEN WEG GEHEN

▼

Beim Frühstück am nächsten Morgen in der gemütlichen Küche erzählt unsere Gastgeberin ein wenig über sich. Uschi ist selbst erfahrene Jakobsweg-Pilgerin, ist von ihrer Haustür aus bis nach Santiago de Compostela gegangen. Weil sie auf einzelnen Wegabschnitten immer wieder lange nach einer Unterkunft suchen musste, hat sie beschlossen, nachdem die Kinder aus dem Haus waren, Pilgern in ihrem Haus eine Herberge anzubieten.

Heute fällt mir der Aufbruch schwer. Ich habe festgestellt, dass die Schmerzen unter meiner Ferse von einer großen Blase kommen, die sich dort gebildet hat. Trotz Blasenpflaster ist jeder Schritt unangenehm. Was mir hilft aufzustehen und loszugehen sind meine beiden Begleiter Astrid und Luzius. Nicht allein zu sein, verschiebt den Fokus ein wenig. Als Uschi uns schließlich an der Haustür noch einen Pilgersegen gibt, fühlt es sich an, als würde ich mit guten Gedanken für meinen Weg bedacht. Außerdem bekomme ich von Uschi noch eine große Muschel – das Zeichen für den Jakobsweg. Ich hänge sie an meinen Rucksack. Ab jetzt bin ich also nicht mehr Weitwanderin, sondern offiziell erkennbar Pilgerin.

Wir brechen zu dritt auf. Es geht heute rund 26 Kilometer weiter durch das Voralpenland in Richtung Süden.

Auf einer Anhöhe lasse ich meinen Blick schweifen. Die Aussicht ist traumhaft: Man sieht hier von den Tegernseer Bergen im Osten bis zur Zugspitze im Westen. Astrid ist von dem Ausblick ebenso überwältigt und beschließt kurzerhand, hier eine erste frühe Pause zu machen. Wir verabschieden uns. Sie und Luzius werden heute Abend in der selben Unterkunft in Hohenpeißenberg schlafen, ich werde weiter bis nach Rottenbuch gehen.

Der Abschied von Astrid ist herzlich. Vermutlich werden wir uns auf dem Weg nicht mehr begegnen, aber wir versprechen, dass wir in Kontakt bleiben.

So wandern Luzius und ich also zu zweit weiter – und treffen etwa eine Stunde später die Seniorinnen Hildegard und Ingeborg. Die beiden stehen am Wegrand und Hildegard hält ihr Handy in der Hand. Sie versucht gerade, für ihre nächste Übernachtung in Rottenbuch ein Zimmer zu finden. Ich gebe ihr die Nummer meiner heutigen Herberge, vielleicht haben sie dort ja Glück.

Luzius und ich wünschen ihnen alles Gute, winken und setzen unseren Weg fort. Es geht durch ein Waldstück. Ein etwas eintöniger, schnurgerader Schotterweg führt zwischen den Bäumen hindurch. Doch langweilig ist es trotzdem nicht, denn es macht Spaß, mit Luzius zu plaudern. Wir sprechen über Gott und die Welt. Mein junger Begleiter erzählt, dass er nach seinem Schulabschluss gerade etwas orientierungslos sei, dass er sich gerne mit Philosophie beschäftigen würde und seinen Platz im Leben noch suche.

Die Zeit verfliegt. Kurz vor Hohenpeißenberg biegen wir dann in unterschiedliche Richtungen ab. Mit gemischten Gefühlen verabschiede ich mich. Zum einen freue ich mich, jetzt Zeit für meine eigenen Gedanken und Raum für mein individuelles Tempo zu haben. Zum anderen finde ich es schade, wieder allein unterwegs zu sein.

Nach wenigen hundert Metern ohne Gesellschaft merke ich, dass auch meine Blase wieder schmerzt. Versunken im

Gespräch konnte ich das vorher wegschieben, aber nun ist jeder Schritt mühsam. Ich versuche, die Zähne zusammenzubeißen und mich aufs Gehen zu konzentrieren.

Es ist ein herrlich sonniger Tag, aber auch – anders als an den bisherigen Tagen – ziemlich heiß. Ich brauche immer wieder eine kurze Pause. Danach weiterzugehen, ist eine Herausforderung. Dann endlich biege ich ab in die Ammerschlucht, das letzte Stück meines heutigen Wegs. In stetigem Auf und Ab geht es über Steine, Erdtreppen und Wurzeln. Ein Windstoß fährt ins trockene Laub, das der letzte Herbst zurückgelassen hat, und bringt es zum Rascheln. Überall riecht es intensiv nach Bärlauch. Vor meinen Füßen huscht eine kleine Eidechse über den Weg.

Dann geht es über einen etwas abenteuerlichen Holzsteg, direkt neben mir fällt das Gelände steil ab und in der Tiefe rauscht die Ammer. Nachdem es die letzten Tage immer wieder geregnet hat, ist der Weg matschig. Obwohl ich trittsicher bin und Bergerfahrung habe, muss ich mich sehr konzentrieren, um nicht abzurutschen. Gerade ist die schmerzhafte Blase Nebensache. Für den Weg durch die Schlucht brauche ich viel länger als erwartet.

Ziemlich erschöpft komme ich in Rottenbuch an. Auch diesmal werde ich in einer Pilgerherberge übernachten. Elfriede, die Gastgeberin, öffnet mir, wirft als erstes einen Blick auf meine Schuhe und fängt an zu lachen. Die Wanderstiefel sind vom Weg durch die matschige Schlucht mit einer braunen Schlammschicht überzogen. Hinter dem Haus gibt es einen Gartenschlauch, mit dem ich sie abspritzen kann. Elfriede stellt meine Schuhe zum Trocknen in die Sonne.

Dann zeigt sie mir das kleine Appartement im ersten

Stock ihres Hauses, das für Pilger reserviert ist. „Gibt es einen Grund, warum du den Jakobsweg gehst?", fragt sie mich, schon im Türrahmen stehend.

Ich erzähle Elfriede von meiner Idee, mehr über Tod und Trauer herauszufinden, und warte gespannt, wie sie auf diese Offenbarung reagieren wird. Ob es sie abschreckt, dass jemand so offen ein Tabuthema anspricht? Nein, im Gegenteil. Elfriede sieht mich an. Dann holt sie tief Luft.

„Ja, Trauer kenne ich auch. Mein Bruder ist vor einiger Zeit an Leukämie gestorben. Er war erst 40 Jahre alt. Das war viel zu früh", sagt sie und hält einen Moment inne. „Ich habe drei Jahre gebraucht, um mit diesem Verlust zurechtzukommen. Den Jakobsweg bin ich selbst noch nie gegangen. Aber was mir geholfen hat, meine Trauer zu überwinden, war das Bergwandern. Wenn du den Aufstieg geschafft hast und oben auf dem Gipfel stehst, dann wird alles, was im Tal schwer war, etwas leichter."

Nach einer heißen Dusche versorge ich meine Füße. Dann humple ich ins Dorf, um irgendwo etwas zu essen. Anschließend hole ich mir in der Klosterkirche meinen Pilgerstempel ab.

Als ich wieder zurück zur Herberge gehe, kommen mir Ingeborg und Hildegard entgegen. Ich freue mich sehr, bekannte Gesichter zu sehen. Die beiden 80-Jährigen berichten, dass sie Glück hatten: Sie haben für diese Nacht eine Unterkunft gefunden. „Wenn das nicht geklappt hätte, hätten wir an jeder Tür geklingelt. Irgendjemand hätte bestimmt ein Bett für uns gehabt", lacht Hildegard.

Ich bin beeindruckt von dem Vertrauen, das die zwei in sich, den Weg und die Menschen haben.

„Ich wünsche mir, dass ich auch mit 80 noch so weit zu Fuß unterwegs bin und so mutig sein werde", sage ich bewundernd.

Doch Hildegard winkt ab. „Heute ging es durch die Ammerschlucht. Das war nicht ohne. Wenn uns da etwas passiert wäre, hätte es nicht geheißen: die mutigen 80-Jährigen. Stattdessen hätten alle gesagt: Warum müssen die in dem Alter denn auch so gefährliche Sachen machen. Das kann ja nur schlecht ausgehen."

Aber es ist gut ausgegangen. Und die beiden sind lebendig – und unglaublich lebensfroh.

UMSORGT WERDEN
▼

Ich habe am Vorabend entdeckt, dass noch weitere Blasen an den Zehen dazugekommen sind. Kurzerhand habe ich sie mit einer sterilen Nadel aufgestochen und gut abgeklebt. Als ich am nächsten Morgen aufwache, tun die Füße zwar weniger weh, aber meine Beine sind bleiern schwer. Es dauert ein wenig, bis ich in Schwung komme. Meine heutige Etappe wird mich über die Wieskirche und Steingaden nach Lechbruck führen. Auch wenn ich nicht so leichtfüßig starte, wie an den anderen Tagen, so mache ich mich doch mit einiger Vorfreude auf den Weg. Der Blick auf die Alpen begleitet meine Schritte und hebt die Stimmung.

Mein erstes Ziel, die bekannte Wieskirche, ist etwa zehn Kilometer entfernt. Ich gehe über Trampelpfade, kleine Nebenstraßen und Feldwege. Der Jakobsweg ist auch hier gut ausgeschildert und ich folge der Muschel im Sonnenschein. Es wird wieder ein heißer Tag werden. Gut, dass ich ausreichend Sonnencreme und eine Kopfbedeckung dabeihabe. Kurz nach dem Dorf geht es in einen Wald. Es folgt ein Anstieg, der Kraft kostet, und den ich heute wie eine Schnecke nach oben krieche. Als ich schließlich aus dem Wald trete, sehe ich, dass sich erste Wolken am Himmel türmen. Es soll noch ein Gewitter geben. Aber bis dahin werde ich hoffentlich schon in Lechbruck sein.

Weil ich ganz allein unterwegs bin, habe ich Zeit, meine Gedanken schweifen zu lassen. Zuerst kommen mir alle meine bisherigen Wegbegleiter in den Sinn und die Menschen, denen ich begegnet bin, und ich hoffe, dass es ihnen gut geht. Dann fällt mir ein, was Elfriede mir gestern erzählt hat. Mehrere Jahre war sie mit ihrer Trauer beschäftigt. Das Leben ging für sie nicht einfach weiter, sondern eben nur weiter. Manchmal spricht man vom Trauerjahr, doch das Leben hält sich nicht an diese Maßzahl. Trauer ist individuell. Manche Menschen verarbeiten einen Verlust schneller als andere, hier gibt es kein Richtig oder Falsch.

Unter meinen inneren Monolog mischen sich Vogelgezwitscher und das Tuckern eines Traktors. Die Jakobsmuschel, die an meinem Rucksack hängt, klappert gelegentlich, wenn sie an den Verschluss pendelt. Die Dörfer, an denen ich vorbeikomme, sehen alle aus wie Postkartenmotive: in der Mitte die Kirche mit dem obligatorischen Zwiebelturm. Drumherum Häuser mit hölzernen Balkonen und aufgestapeltem Feuerholz an der Hauswand, die Grundstücke mit Staketenzäunen eingefasst.

Schließlich gehe ich einen kleinen Fußpfad zwischen einer Hecke und einer Kuhweide entlang, der mich zur berühmten Wieskirche führt. Die Wallfahrtskirche auf der grünen Wiese ist wirklich imposant. Ich nehme mir Zeit, um mich umzusehen. Dann lasse ich mich auf einer Bank am Brunnen nieder und beobachte das Treiben um mich herum. Eine asiatische Reisegruppe deckt sich gerade an einem Kiosk mit Souvenirs ein. Zwei lachende Kinder laufen in Richtung Kirchentreppe.

Während ich die Szenerie auf mich wirken lasse, klingelt mein Handy. Es ist Anni, die Cousine meines Vaters. Ich habe sie in meinem Leben bisher zweimal gesehen, einmal davon war auf der Beerdigung meines Vaters. Sie wohnt hier ganz in der Nähe und weiß, dass ich auf dem Jakobsweg bin. Sie fragt, wie es mir gehe, und als sie hört, dass ich gerade vor der Wieskirche sitze, lädt sie mich spontan zum Mittagessen ein. Was für eine Überraschung!

Ich werde von Annis Mann mit dem Auto abgeholt. In ihrem Haus in Steingaden, wo die beiden wohnen, steht das Essen schon auf dem Tisch. Ich fühle mich umsorgt und das tut gut! Wir plaudern ausgiebig. Anni erkundigt sich nach der Familie. Und sie erzählt mir von längst verstorbenen Verwandten, die ich kaum oder gar nicht gekannt habe. Trotzdem finde ich es interessant, mehr über meine Familie zu erfahren. Der eine sei im Krieg gefallen, die andere an Krebs gestorben.

So geht es weiter und ich staune, dass es gerade wie selbstverständlich wieder um das Thema Tod geht. Und obwohl sich alles um die Endlichkeit dreht, liegt eine schöne Leichtigkeit in der Luft. Es ist, als würden wir gemeinsam in einem imaginären Fotoalbum blättern, würden uns über Erinnerungen, die gar nicht unsere gemeinsamen sind, austauschen. So scheint es mir angemessen, weiter nachzufragen, damit ich dem Familienbild neue Puzzleteile hinzufügen kann.

Schließlich breche ich wieder auf. Von Steingaden aus ist es nur noch eine gute Stunde Fußmarsch. Statt der geplanten 27 gehe ich also rund 23 Kilometer. Ich finde, das reicht heute auch vollkommen aus.

In Lechbruck steuere ich den Campingplatz an. Diesmal werde ich in einem Schlaffass übernachten. Ich habe es bei meinen Vorbereitungen auf die Tour online entdeckt und mich sofort in die Vorstellung verliebt, so die Nacht zu verbringen. In einem Fass zu schlafen, ist für mich neu – und passt also ganz wunderbar zu all dem Neuen, was ich gerade erlebe und erfahre. Die kleine hölzerne Tonne sieht gemütlich aus. Ich werde auf engem Raum schlafen, werde durch das kleine Fenster am Kopfende der Matratze nach draußen sehen, meine Gedanken schweifen lassen und an diesem besonderen Ort den Tag reflektieren.

Trotz der Abkürzung und des Zwischenstopps freue ich mich jetzt darauf, endlich meine Wanderstiefel auszuziehen.

ETAPPE 6+7

DIE EIGENEN GRENZEN ERWEITERN

▾ LECHBRUCK ▾ MARKTOBERDORF ▾ KEMPTEN ▾

DIE EIGENEN GRENZEN ERWEITERN

UNERWARTETE UNTERSTÜTZUNG

▼

Der Morgen beginnt auf dem Campingplatz mit einem improvisierten Frühstück. In dem kleinen angeschlossenen Laden bekomme ich einen Coffee-to-go und einen Apfel. Aus meinem Rucksack fische ich einen Müsliriegel. Das muss reichen.

Bevor ich mich gestern in mein Schlaffass zurückgezogen habe, habe ich festgestellt, dass die Innensohle meiner Wanderschuhe gebrochen ist. Die rauen Stellen sind wohl auch schuld daran, dass ich mir Blasen gelaufen habe. Aber im Moment kann ich daran nichts ändern. Ich werde meine Etappe in den kaputten Schuhe angehen. Doch ich beschließe, keine überflüssigen Meter zu machen und deshalb nicht in den Ort Lechbruck hineinzugehen, sondern über kleine Wald- und Wiesenpfade den direkten Weg nach Bernbeuren einzuschlagen. Auch so werden heute rund 25 Kilometer zusammenkommen.

Weil es gestern Abend noch ein heftiges Gewitter gab, was mich in meinem hölzernen Fass nicht gestört, sondern eher fasziniert hat, sind die unbefestigten Wege ziemlich schlammig. Noch vor zwei Tagen habe ich gehadert, als ich durch Matschlöcher in der Ammerschlucht musste. Heute ist mir das egal. Gleichmütig versuche ich, den tiefsten Schlamm zu umrunden. Ansonsten denke ich: Das ist mein Weg, und ich werde ihn gehen.

Natürlich kann man das nicht vergleichen, dennoch drängt sich mir der Gedanke auf, dass wohl auch Trauerprozesse so ablaufen. Erst hadert man mit dem Schicksal, erlebt den Verlust schmerzlich, weiß kaum, wie man ihn bewältigen soll. Und mit der Zeit schafft man es dann doch, sich wieder aufs Leben einzulassen, seinen Weg zu gehen.

Gleich am Ortseingang von Bernbeuren befindet sich ein kleiner Friedhof. Während ich an der Mauer vorübergehe, beobachte ich eine ältere Frau, die mit einer Gießkanne an einem Grab steht. Sie bewegt lautlos ihre Lippen, als halte sie Zwiesprache mit jemandem. Dann stellt sie die Gießkanne ab, beugt sich hinunter und zupft etwas Unkraut aus der Graberde. Alles wirkt, als wäre es ein Ritual, das sie häufig zelebriert hat und das ihr Halt gibt. Natürlich kann ich nicht wissen, ob ich richtig liege. Ob sie einen geliebten Angehörigen hier auf dem Friedhof besucht. Oder ob sie nur zufällig am Grab eines Fremden steht. Ich werde es nicht herausfinden, denn ich bleibe nicht länger stehen, sondern setze meinen Weg fort.

Nachdem ich den Ort verlassen habe, biege ich in die Feuersteinschlucht ab. Ich merke, dass sowohl meine Beine als auch mein Kopf müde sind und ich mich anstrengen muss, um meine Schritte auf dem wurzelig-schlammigen Weg sicher zu platzieren. Kurz nach der Schlucht bin ich froh, die Herausforderung bestanden zu haben. Dann biegt der Weg nach rechts in einen steilen Steig Richtung Auerberg ab. Etliche Höhenmeter sind zu bewältigen, was mich heute erneut sehr fordert.

Ich atme erleichtert auf, als ich schließlich aus dem kleinen Wäldchen trete und die Kuppe erreicht habe. Rechts von mir, auf dem höchsten Punkt des 1.055 Meter hohen Auerbergs thront die Kirche St. Georg. Links steht eine Bank, auf der sich schon zwei Wanderer niedergelassen haben. Als ich genauer hinsehe, bin ich überrascht: Es sind Hildegard und Ingeborg, die da sitzen und rasten. Ich hatte nicht damit gerechnet, den beiden noch einmal zu begegnen. Die Freude ist groß, als auch sie mich entdecken. Wir knüpfen sofort an unsere letzte Begegnung an, tauschen uns aus, reden und lachen miteinander. Dann erzählt Hildegard, was sie eigentlich auf den Jakobsweg verschlagen hat: Ihr Mann sei vor einiger Zeit verstorben. Davor hatte sie ihn vier Jahre lang gepflegt. In dieser Zeit konnte sie immer nur höchstens zwei Stunden jemanden organisieren, um ein wenig rauszukommen und spazieren zu gehen – einmal die Woche.

„Ich möchte aber keine Sekunde von der Zeit missen, in der ich meinen Mann versorgen und bis zum Sterben begleiten durfte", sagt sie. Jetzt, nachdem sie den Verlust überwunden hat, genieße sie es, endlich wieder lange zu Fuß unterwegs zu sein.

Die beiden Frauen werden heute ihren Jakobsweg beenden. Ingeborg hat ein wenig mit ihrem Knie zu tun, im nächsten Ort werden die beiden abgeholt. Wir verabschieden uns herzlich. Dann wandere ich weiter ins Tal.

Während Ingeborg, Hildegard und ich uns unterhalten haben, spazierte ein anderer Jakobswegpilger – gut erkennbar an seiner Muschel am Rucksack – an uns vorbei und grüßte freundlich. Jetzt kommt er in Stötten, dem kleinen Ort am Fuße des Auerbergs, an einer Weggabelung auf mich zu und spricht mich an. Es ist Sebastian aus Berlin, der heute ebenfalls bis Marktoberdorf gehen und wie ich in der Pilgerherberge des Orts übernachten wird. Und so gehen wir gemeinsam weiter.

Es ist schön, wieder eine Wegbegleitung zu haben. Dennoch bin ich ziemlich erschöpft, als wir nachmittags um vier Uhr endlich in Marktoberdorf ankommen.

Heidi, die Gastgeberin der Herberge, empfängt uns an der Tür und bietet uns zur Begrüßung gleich ein Glas Wasser an. Die Pilger sind hier im Wohnhaus, im oberen Stockwerk mit separatem Eingang, untergebracht. Heidi und ihr Mann Joachim haben das Haus vor drei Jahren übernommen und an wirklich alles gedacht, was Pilger so benötigen: Im Bad finden sich Blasenpflaster, Hygieneartikel und Rasierschaum. Eine größere Wanne für die Handwäsche von Klamotten und ein Wännchen für ein Fußbad stehen bereit. Die Pilgerküche ist mit allem ausgestattet, was man braucht, um sich Essen, Kaffee oder Tee zu machen.

Ich erzähle Heidi von meinen kaputten Schuhen und frage, wie lange die Geschäfte im Ort noch offen haben. Sie meint, die würden demnächst schließen, aber wir würden schon eine Lösung finden. Als ich wenig später aus dem Bad komme, liegen vor meiner Tür ein paar Barfußsohlen und eine Schere. „Eine kleine Spende in eines der Sparschweine im Flur reicht", ruft Heidi nach oben. Ich bin gerührt und wirklich froh, fürs Erste die Sohlen notdürftig austauschen zu können.

Am Abend sitzen Sebastian, Joachim, Heidi und ich in der Küche der Pilgerherberge und lassen den Tag ausklingen. Sebastian und ich erzählen von unseren bisherigen Wegen und Erfahrungen. Heidi und Joachim berichten von ihren eigenen Etappen, die sie auf dem Jakobsweg zurückgelegt haben. Sie sind den Camino del Norte in Spanien gegangen, Heidi war auch schon auf dem Münchner Jakobsweg unterwegs. Und natürlich kennen sie etliche Jakobsweggeschichten von den Gästen, die bei ihnen übernachtet haben.

Dann erzählt Heidi, dass es sie momentan Kraft koste, Pilger zu beherbergen. Denn vor vier Wochen sei ihre Mutter gestorben. Jetzt müsse sie sich erst wieder neu sortieren. Vielleicht könnte es ihr helfen, selbst ein Stück Jakobsweg zu gehen, denke ich. Aber das spreche ich nicht aus, denn Heidi ist erfahrene Pilgerin und weiß sicher, wann es wieder Zeit für den Jakobsweg ist.

WENN DER WEG MÜHSAM WIRD

Heute steht die siebte Etappe und damit der längste meiner Wege an. Rund 32 Kilometer sind es von Marktoberdorf bis Kempten. So weit bin ich noch nie zuvor an einem Stück gegangen. Ich habe großen Respekt vor diesem Abschnitt – und ich beschließe, dass ich diesen Weg allein gehen muss. Das sage ich Sebastian beim Frühstück und er hat sofort Verständnis dafür.

Ich breche also als erste auf, verabschiede mich von Heidi, Joachim und Sebastian und freue mich über die freundlichen Wünsche, die sie mir mit auf den Weg geben. Es ist ein schöner Tag. Entlang an vielbefahrenen Straßen verlasse ich Marktoberdorf. Dann wird es ruhiger.

Das nächste Dorf, das ich passiere, heißt Geisenried. Wieder ist es ein Friedhof, der meine Aufmerksamkeit erregt, gleich am Ortseingang empfängt er alle, die in das Dorf kommen. Von dieser kleinen, besonderen Ruhestätte hat man uneingeschränkte Sicht auf die Alpen. Natürlich ist das ein komischer Gedanke, aber dennoch: Hier, mit den Bergen im Hintergrund, würde ich auch gerne einmal begraben sein.

Der Jakobsweg führt mich aus Geisenried hinaus und weiter durch kleine Orte. Irgendwann biege ich rechts in einen Forstweg ab und freue mich, dass ich die Asphaltstraße, die beim Gehen die Beine müde werden lässt, verlassen kann. Und zum ersten Mal fällt mir heute auf, dass ich gut gehe. Dass die Schmerzen weitgehend weg sind. Und dass ich zuversichtlich bin, die lange Strecke wirklich zu schaffen. Schließlich führt mich ein breiter Waldweg durch den Kemptener Forst. Die Strecke ist einsam, nicht einmal ein Spaziergänger kreuzt meinen Weg. Mein Gehen hat etwas Automatisches. Ich gehe und gehe und gehe.

Als ich die Waldkapelle erreiche, mache ich eine kurze Rast. Nicht länger als 20 Minuten, denn sonst würde ich vielleicht nicht weitergehen. Ich raffe mich also auf, setze einen Fuß vor den anderen. Nach und nach nähere ich mich bewohntem Gebiet. Gleichzeitig wird es dunkel, am Himmel hängen Gewitterwolken. Es donnert. Kurz darauf fallen erste Tropfen.

Obwohl ich schon ziemlich erschöpft bin, beschleunige ich meine Schritte. Doch ich habe Glück. Das Gewitter zieht so schnell ab, wie es gekommen ist. Nur die Straßen sind von dem leichten Regen dunkel gefärbt und die Feuchtigkeit steigt dampfend nach oben.

Am Ortsrand von Betzigau parkt ein Auto. Ein Mann verstaut gerade Gepäck im Kofferraum. Als er mich sieht, überquert er die Straße und kommt auf mich zu.

„Du hast eine Muschel am Rucksack, du gehst also den Jakobsweg. Wie schön. Ich war vor einigen Jahren mit meiner Frau in Spanien unterwegs. Bis nach Santiago. Das war eine tolle Sache, denn meine Frau hatte damals schon MS.

Aber sie hat es geschafft. Das Erlebnis hat uns über Monate getragen", erzählt er mir – einfach so.

Und wieder bin ich überrascht, wie schnell dieser Jakobsweg, den so viele aus ganz unterschiedlichen Gründen gegangen sind, eine Verbindung herstellt und Offenheit ermöglicht.

„Buen Camino!", wünscht er mir noch. Dann verabschieden wir uns und ich gehe weiter.

Und endlich passiere ich das Ortsschild von Kempten. Die Stadt hat eine über 2000-jährige Geschichte und gilt als eine der ältesten Deutschlands. Doch das ist mir im Moment egal, ich will nur noch ankommen.

Drei Kilometer laufe ich durch die Stadt. Jeder dieser letzten Meter wird zur Prüfung, ich schleiche mehr, als dass ich gehe. Als ich schließlich vor der Pension stehe, in der ich heute übernachten werde, muss ich ein paar Tränen wegblinzeln.

DURCH NÄHE ZUGANG FINDEN

Gespräch mit Palliativmedizinerin Susanne Schmid

♥

Nach einer kurzen Regenerationspause bin ich bereit für ein letztes Stück Weg des Tages. Ich bin am Kemptener Klinikum mit Susanne Schmid, einer Palliativ-Oberärztin, verabredet. Wir treffen uns direkt auf der Station – und die ist rund, wie ich verblüfft feststelle. In der Mitte ist ein gläserner Lichtschacht, die Zimmertüren sind in einem Bogen drumherum angeordnet.

Susanne Schmid zeigt auf eine Vitrine, in der kleine Fläschchen stehen. „Wir arbeiten hier – neben schulmedizinischen Ansätzen – auch mit Aromatherapie. Das ist hilfreich, um Unruhe oder Schmerzen zu lindern", erklärt sie mir, ehe sie mich in einen Raum führt, der „Wohnzimmer" genannt wird. Regale mit Büchern und Spielen stehen an der Wand. Eine breite Couch direkt an der Fensterfront dominiert den Raum. Es sieht gemütlich und einladend aus.

„Hier können sich Angehörige zurückziehen oder auch mal schlafen, wenn sie etwas Pause brauchen", meint die Ärztin. Sie ist Anfang 40, wirkt aber jünger.

Als ich ihr das sage, lacht sie. „Ja, die meisten Mediziner und Medizinerinnen, die auf einer Palliativstation arbeiten, sind älter. Und meist Frauen. Häufig eher der mütterliche Typ." Das sind Erfahrungen, die sie auf Palliativkongressen oder bei Treffen von Fachkräften gemacht hat.

„Ich bin hier seit zehn Jahren. Im Klinikum Kempten selbst arbeite ich schon länger. Ich habe eine Ausbildung als Internistin. Irgendwann kam ich im Rahmen einer Rotation auf die Palliativstation. Das fand ich sehr interessant. Hier ist die Atmosphäre besonders. Ich fühlte mich wohl, also bin ich geblieben."

Jeder Arzt und jede Ärztin hat früher oder später mit dem Tod zu tun. Susanne Schmid hat sich entschieden, täglich damit konfrontiert zu werden.

„Das stimmt", meint sie. „Doch eigentlich ist es ja ein zentrales Thema. Eines, das die Gesellschaft gerne wegschiebt. Es ist ein Übergangsprozess, ähnlich wie die Geburt. Auch wenn das jetzt vielleicht komisch klingt: Für mich ist es spannend und gut, einen Sterbenden zu begleiten. Den Prozess mit den Menschen mitzugehen. Mit den Patienten und Patientinnen genauso wie mit den Angehörigen."

Nicht alle, die auf der Palliativstation sind, sterben unweigerlich. Susanne Schmid konkretisiert das: „Knapp unter 50 Prozent der Patienten hier versterben. Unser eigentliches Ziel ist nicht die Sterbebegleitung, sondern dass die Menschen – zumindest für ihre letzten Lebenswochen – wieder nach Hause können. Das gelingt uns bei etwa 30 Prozent der Patienten. Etwa 15 Prozent entlassen wir in ein Hospiz. Und glücklicherweise werden ungefähr 5 Prozent unserer Patienten wieder so weit gesund, dass sie beispielsweise in eine Reha-Maßnahme gehen können. Wir nehmen hier Menschen auf, deren Leben augenscheinlich begrenzt ist. Trotzdem legen wir Wert darauf, sie alle, wenn möglich, zu stabilisieren. Die Station hier im Klinikum ist also keine ‚Sterbestation'."

In der Regel ist das Durchschnittsalter der Patienten und Patientinnen um die 70. Aber gelegentlich sind auch jüngere Menschen hier.

„Das ist dann schon herausfordernd, wenn wir zum Beispiel einen 19-Jährigen aufnehmen und belgeiten", räumt die Ärztin ein. „Wir sind ja auch für die Familien da. Und gerade die Begleitung junger Menschen fordert unser Team – Mediziner und Medizinerinnen genauso wie Pflegekräfte."

Auf der Palliativstation wird ganzheitlich gearbeitet. Neben Aromatherapie wird beispielsweise auch Homöopathie, Physiotherapie oder Kunsttherapie angeboten. Und im Flur steht ein Klavier. Auch das wird gerne genutzt – von Patienten, Pflegekräften oder Angehörigen – und es wirkt.

Mit dem Tod hat Susanne Schmid nicht erst seit ihrer

Arbeit als Palliativärztin zu tun. „Meine erste Tote, die ich gesehen habe, war meine Uroma. Da war ich fünf Jahre alt. Im Nachhinein finde ich es gut, dass meine Eltern mich damals mit einbezogen haben. Ich durfte mich von meiner Uroma verabschieden. Da wurde nichts tabuisiert. So konnte ich von Anfang an einen natürlichen Umgang mit Tod und Sterben lernen. Dann habe ich im Rahmen meiner Ausbildung auch die Onkologie kennengelernt und musste mit Todesfällen klarkommen. Aber natürlich gibt es da keine Routine. Es kommt immer wieder vor, dass mir Todesfälle besonders nahe gehen. Gerade, wenn Menschen hier sterben, die in einer ähnlichen Lebenssituation sind, wie ich selbst. Die mitten im Beruf stehen, die junge Kinder haben. Ich habe auch schon mal gemeinsam mit Angehörigen geweint. Das finde ich nicht schlimm. Im Gegenteil."

Das Gesagte findet bei mir Resonanz. Ich bin überzeugt, dass zusammen zu trauern – auch mit Fachleuten, die den Sterbeprozess begleitet haben – gut und hilfreich ist. Es sollte neben der professionellen Distanz auch eine gute professionelle Nähe möglich sein – besonders, wenn es um so einschneidende Erlebnisse geht.

„Doch ich versuche dann alles, was ich hier erlebt habe, abzuschütteln, wenn ich nach Hause gehe", fährt Susanne Schmid fort.

Sie selbst ist Mutter von drei Söhnen zwischen sieben und 13 Jahren. Die wissen natürlich, was die Ärztin beruflich macht. Und sie finden das nicht abschreckend, sondern vielmehr spannend.

„Gelegentlich spreche ich daheim schon über meine Arbeit. Meine Kinder sind da sehr interessiert. Und sie geben mir manchmal auch Tipps. Beispielsweise, dass wir das

Fenster aufmachen müssen, wenn jemand gestorben ist. Damit die Seele nach draußen kann. Meine Kinder sind mit dem Thema einfach groß geworden." Im geschützten Rahmen über das Sterben zu sprechen, ist das eine. Aber wie schafft man es, Angehörigen zu vermitteln, dass ihr geliebter Mensch gestorben ist? „Das ist nie einfach. Man kann das allerdings lernen. Natürlich wäre es schöner, eine bessere Nachricht zu haben. Aber ich erlebe, dass die Angehörigen dankbar sind, wenn man offen mit ihnen spricht. Nicht erst, wenn der Mensch gestorben ist, sondern auch wenn es um die medizinischen Tatsachen, um den Gesundheitszustand des Patienten geht. Angehörige spüren ja in der Regel, was los ist. Ich frage die Verwandten, die zu mir kommen und wissen wollen, wie es ihrem nahestehenden Menschen geht, was sie denn für ein Gefühl haben. Und dann gehen wir gemeinsam ins Patientenzimmer. So kommen wir ins Gespräch. Das ist besser, als würde ich einen fachlichen Monolog halten. Und wichtig ist natürlich, dass wir die Menschen nicht allein lassen, wenn wir ihnen eine schlechte Nachricht übermittelt haben."

Um das Erlebte verarbeiten zu können, findet halbjährlich eine Gedenkfeier für alle hier Verstorbenen statt. Dazu werden auch die Angehörigen eingeladen. Aber vor allem schafft diese Feier für das Stationsteam die Gelegenheit, von den Menschen, die sie bis zu ihrem Tod begleitet haben, Abschied zu nehmen und abschließen zu können.

„Danach gibt es einen kleinen Umtrunk. Das ist immer sehr schön, denn dabei kommen wir mit etwas Abstand mit der Familie des oder der Verstorbenen noch einmal ins Gespräch. Und das ist wirklich ermutigend. Denn hier erlebe ich, dass Menschen, die noch vor einigen Monaten von ihrer

Trauer überwältigt waren, jetzt wieder ins Leben zurückgefunden haben, mit ihrem Verlust besser klarkommen und wieder Boden unter den Füßen haben."

Gefeiert wird hier auf der Palliativstation übrigens nicht nur, wenn es um Abschied geht.

„Bei uns gibt es viele Feste. Wir haben beispielsweise schon eine Hochzeit gefeiert. Oder eine Taufe. Wir versuchen überhaupt, auf die Patientinnen und Patienten einzugehen, ernst zu nehmen, was ihnen wichtig ist, und sie am Leben teilhaben zu lassen. Einmal haben wir – eine Ärztin und eine Pflegerin – eine Mutter bei der Einschulung ihrer Tochter begleitet. Es gab schon ein großes Familienfoto-Shooting. Und wir arbeiten mit einem karitativen Verein zusammen, der letzte Wünsche erfüllt. Ein Patient konnte so ein letztes Mal eine Bergalm besuchen. Ein Mann hatte beschlossen, erst zu sterben, wenn er den nächsten James-Bond-Film gesehen hat. Es wurde ein Kinosaal für eine Sondervorstellung reserviert, in die er mit dem Krankenbett gebracht wurde. Kurioserweise hieß der Film ‚Keine Zeit zu sterben'. Kurze Zeit später ist er, der Patient, dann gestorben", erzählt die Medizinerin.

Was die Menschen bewegt, was sie sich wünschen, aber auch was sie in ihrem Leben geprägt hat – dafür haben Susanne Schmid und das gesamte Team der Station ein offenes Ohr. „Das ist sehr bereichernd. Ich nehme da selbst viel mit. Das liegt natürlich vor allem daran, dass wir – anders als auf anderen Stationen – einfach die Zeit haben, den Menschen zuzuhören."

Diese Zeit, das intensive Miteinander, ist gerade in dieser Arbeit etwas Grundlegendes. Denn so lernen alle Mitarbeitenden der Palliativstation ihre Patientinnen und Patienten richtig kennen. Und können dadurch auch gut einschätzen, wann ein Leben schließlich zu Ende geht.

„Ich sehe, wenn ein Mensch nicht mehr lange zu leben hat. Das lässt sich medizinisch nicht eindeutig belegen. Aber wenn man mit Sterbenden arbeitet, lernt man, das zu erkennen", ist sich Susanne Schmid sicher. „Was ich auch gelernt habe: So wie die Leute gelebt haben, so sterben sie auch häufig. Renitente Persönlichkeiten stemmen sich oft bis zum Schluss gegen den Tod. Sanftmütige gehen meist leise. Das ist natürlich keine Wissenschaft, hier geht es nicht um harte Fakten. Aber so erlebe ich das."

Eine Frage habe ich noch: „Wenn Sie abends heimgehen und jemand auf Ihrer Station an dem Tag gestorben ist, merken Ihre Kinder das?"

„Ich glaube nicht. Das Einzige, was an solchen Tagen anders ist: Ich umarme meine Kinder mehr als sonst. Weil ich gerade an solchen Tagen merke, wie froh ich bin, in meinen Kindern das blühende Leben um mich zu haben."

Es hat mich Überwindung gekostet, nach der langen Etappe heute noch einmal loszugehen. Doch nun bin ich überzeugt, dass sich der zusätzliche Weg zum Klinikum Kempten mehr als gelohnt hat.

Als ich mich schließlich von Susanne Schmid verabschiede, nehme ich zwei wichtige Erkenntnisse mit: Sterben ist nicht toll, aber es gibt engagierte Menschen, die den Prozess erleichtern und einem beistehen können – mit all ihrer Kompetenz und mit Zugewandtheit. Und: Hier auf der Palliativstation geht es nicht um die reine Medizin. Es geht um die Menschen. Und um das Leben.

ETAPPE
8+9

ABSCHIEDE UND WIEDER-SEHEN

▼ KEMPTEN ▼ WEITNAU ▼ SIMMERBERG ▼ SCHEIDEGG ▼

ABSCHIEDE UND WIEDERSEHEN

ANDERS ALS GEPLANT

▼

Die Sohlen, die Heidi mir in Marktoberdorf gegeben hat, waren ein Segen für meinen Weg gestern. Doch heute Morgen sehe ich, dass sie sich bereits auflösen. Ich werde also meine nächste Etappe später als gedacht beginnen. Erst einmal warte ich, bis die Läden öffnen. Auf dem Weg in die Kemptner Innenstadt bleibe ich einen Moment am Hildegardplatz stehen und lasse die Basilika St. Lorenz und die Residenz, zwei imposante Bauwerke mit beeindruckender Geschichte, auf mich wirken.

In dem Augenblick spaziert Sebastian auf mich zu. Auch er hat den langen Weg gestern gut geschafft. Und er ist für heute vorbereitet: Noch ist es trocken, auch wenn der Himmel grau und wolkenverhangen ist, aber für später ist Regen angesagt, weshalb Sebastian einen knielangen Poncho trägt. Heute wird er ein anderes Ziel haben als ich, deshalb werden wir uns vermutlich nicht noch einmal über den Weg laufen. Aber wir beschließen, uns über unsere Erlebnisse auf dem Laufenden zu halten. Winkend macht sich Sebastian auf den Weg. Und ich steuere einen Bergsportladen an, wo ich mir stabile Innensohlen besorgen werde.

Ich habe tatsächlich Erfolg: Der Laden hat genau das Richtige für mich. Das Gehen in den Wanderschuhen mit guten Sohlen ist eine Wohltat. Dann passiert noch etwas, womit ich nicht gerechnet habe: Mein Mann ruft mich an. Er will mich heute mit einem Besuch überraschen.

Erst freue ich mich sehr darüber. Dann habe ich kurz Bedenken, ob mich das Aufeinandertreffen meines Alltags zu Hause und meiner etwas aus der Welt gefallenen Zeit hier auf dem Jakobsweg nicht zu sehr durcheinanderbringen wird. Den Gedanken schiebe ich schließlich beiseite. Denn gleichzeitig fühlt sich die Aussicht, bald einen vertrauten, geliebten Menschen – ein Stück Zuhause – um mich zu haben, richtig gut an. Zudem wurde in verschiedenen Wanderführern über den Münchner Jakobsweg vorgeschlagen, nach der langen Etappe von Marktoberdorf nach Kempten einen Ruhetag einzulegen. Genau das werde ich jetzt tun.

Ich nutze die Zeit, bis mein Mann eintreffen wird, um mir die Stadt anzusehen. Besonders fasziniert bin ich von der Erasmuskapelle, die über die Jahrhunderte etliche kirchliche und weltliche Zwecke erfüllte und heute als unterirdischer Schauraum zu besichtigen ist.

Die Kapelle und noch weit ältere, frühmittelalterliche Grabstellen wurden vor einigen Jahren zufällig bei Grabungen während der Umgestaltung des St.-Mang-Platzes entdeckt. Heute befindet sich in den Räumen unter der Erde ein Museum, in dem multimedial die Geschichte des Gebäudes mit Wurzeln im 13. Jahrhundert aufbereitet wird. Was mich am meisten fesselt, sind die Ruhestätten der in den Gräbern um die Kapelle gefunden Gebeine. Durch Löcher in der Mauer kann man die Regale sehen, in denen – zugeordnet und nummeriert – Schädel und Knochen verschiedener längst verstorbener Menschen ihren letzten Ort der Ruhe gefunden haben. Wer welche Person war, weiß niemand mehr. Die Verstorbenen sind seit über 1.000 Jahren tot und längst vergessen. Und doch erzählt das, was von ihnen noch übrig ist, eine Geschichte.

Als mein Mann schließlich in Kempten eintrifft, fühlt sich der Tag wie Urlaub an.

Wir gehen Kaffeetrinken. Wir plaudern und schlendern durch die Stadt.

Meinen Plan, heute bis Weitnau zu gehen, habe ich längst über Bord geworfen. Stattdessen fahren wir gemeinsam in die Nähe von Simmerberg, eigentlich mein übernächstes Ziel. Ich überspringe gerade also nicht nur das Weitgehen, sondern auch ein ganzes Stück Weg. Aber ich bin nachsichtig mit mir und meinem Wanderehrgeiz. Es passt. Vor allem auch deshalb, weil es am späten Nachmittag anfängt, wie aus Eimern zu schütten.

Der Regen kann mir heute nichts anhaben. Ich sitze im Auto und werde gefahren. Vorbei an Weitnau und schließlich bis Ellhofen, einem kleinen Dörfchen auf einer Anhöhe über Simmerberg, wo wir ein rustikales, schön renoviertes Dorfwirtshaus zum Übernachten finden.

SICH WIEDER EINLASSEN

▼

Nach einem gemeinsamen Frühstück verabschiede ich mich von meinem Mann, der wieder nach Hause fährt. Ich schultere meinen Rucksack und gehe los. Die Pause hat gutgetan, ich fühle mich erholt.

Dennoch dauert es etwas, bis ich mich wieder völlig auf den Jakobsweg einlassen kann. Ich bin abgelenkt, denke an Dinge, die zu Hause auf mich warten, die nach meiner Rückkehr erledigt werden müssen.

Abrupt bleibe ich stehen. Atme tief ein. Lasse meinen Blick schweifen. Ich bin jetzt hier. Ich will meinen Weg gehen. Nichts ist sonst wichtig. Ich umfasse die Riemen meines

Rucksacks und setze bei meinem nächsten Schritt den Fuß bewusst auf den Wiesenweg, in den ich abgebogen bin. Nach und nach finde ich wieder einen Rhythmus, kann mich auf das konzentrieren, was gerade ist. Ein langsames Herantasten. Heute sind es nur rund zehn Kilometer, die werde ich bewusst gehen.

Und dann hilft mir in Weiler-Simmerberg eine schöne Begegnung, mich wieder mit dem Jakobsweg zu vereinen: In der Kirche, in der ich mir den Pilgerstempel holen möchte, steht ein Mann. Er ist etwa Mitte 60, steht mit dem Rücken zu mir und sieht sich um. Was mich aber sofort auf ihn aufmerksam gemacht hat: Auf seinem Rucksack ist „Santiago de Compostela" eingestickt, daneben eine gelbe Muschel auf blauem Grund. Ich spreche den Mann an. Er stellt sich als Karlheinz vor und erzählt mir, er komme aus Bergisch-Gladbach. Und er ist sehr erfreut darüber, meine Bekanntschaft zu machen. Denn anders als ich ist er auf dem Münchner Jakobsweg bisher keinem anderen Pilger begegnet. Wir beschließen, ein Stück gemeinsam zu gehen.

Karlheinz erzählt mir von all den Pilgerwegen, die er europaweit schon gemacht hat. Und von vielen lustigen und kuriosen Erlebnissen während seines Unterwegsseins: In Spanien sei er zum Beispiel ein Stück mit einem anderen Pilger unterwegs gewesen, der sich dort einen Esel als Wegbegleiter gekauft hatte; der Esel sei so stur gewesen, dass es Tage dauerte, bis der Pilger einen Draht zu dem Tier gefunden hatte – und umgekehrt. Dann berichtet er von Pilgerbekanntschaften, zu denen er nach mehr als einer Dekade immer noch Kontakt hat, denen er sogar regelmäßig einen Besuch abstattet.

Wieder vergeht die Zeit wie im Flug. Kurz vor Scheidegg

trennen wir uns, weil er in der dortigen Pilgerherberge bleibt, ich hingegen in einer kleinen Pension schlafen werde.

Ich fühle mich erfrischt und bereichert. Und dass mir schließlich bei meiner Unterkunft niemand öffnet, entlockt mir nur ein Schulterzucken. Ich stecke meine Geldbörse ein und lasse meinen Rucksack vor der Tür stehen. Bestimmt ist später jemand da. Bis dahin werde ich den Ort erkunden und mir ein Plätzchen zum Verweilen suchen.

Die Terrasse der Konditorei, auf der ich wenig später Platz nehme, ist ein guter Ort, um die Seele baumeln zu lassen. Der Kaffee, den ich bestelle, duftet herrlich und der Apfelkuchen schmeckt so gut, wie er aussieht. Die Sonne wärmt mein Gesicht. Ich bin entspannt und ganz bei mir.

„Da sitzt ja die Petra!", reißt mich jemand aus meinen Gedanken.

Zwei Menschen betreten die Terrasse und kommen direkt auf mich zu. Einer von ihnen ist Karlheinz. Dass wir uns so schnell wiedersehen, hätte ich nicht gedacht. Seine Begleitung ist Manu aus Ansbach. Die beiden haben sich an der Pilgerherberge kennengelernt – und können, so wie ich, ihre Unterkunft noch nicht beziehen. Also setzen sie sich kurzerhand zu mir an den Tisch. Wir haben uns, obwohl wir uns erst kurz oder noch gar nicht kennen, viel zu erzählen. Das ist ein echtes Jakobsweg-Phänomen, das mich weit über die Zeit hier beeindrucken wird.

Später ist mein Zimmer in der Pension bereit. Und am Abend haben Karlheinz, Manu und ich uns erneut verabredet, um zusammen zu essen. Wir erzählen uns Anekdoten, lachen miteinander und genießen die hier auf dem Jakobsweg so besondere – zufällig zusammengewürfelte und dennoch intensive – Gemeinschaft.

ETAPPE 10

ZUM GROSSEN SEE

SCHEIDEGG ▾ LINDAU

ZUM GROSSEN SEE

ÜBER DEN BERG

▼

Am nächsten Tag geht es von Scheidegg über den Pfänder und Bregenz bis nach Lindau am Bodensee – dem offiziellen Endpunkt des Münchner Jakobswegs. Auch wenn ich danach noch eine Etappe mehr auf dem Schweizer Weg bis St. Gallen gehen werde, werden der Abschnitt heute und das Ankommen in Lindau etwas Besonderes sein. Vielleicht, weil mir beim Gedanken an das Ziel des Münchner Jakobswegs bewusst wird, wie weit ich bisher zu Fuß und aus eigner Kraft gekommen bin und wie viele Kilometer schon hinter mir liegen. Vielleicht auch, weil ich nicht nur durch Deutschland, sondern ein gutes Stück durch Österreich wandern werde. Es geht also über Grenzen, die heute glücklicherweise durchlässig und unkompliziert sind, an denen das, was uns verbindet, mehr zählt als das, was uns vermeintlich trennt.

Einzig das wechselhafte Wetter trübt die Euphorie ein wenig. Doch erst einmal wandere ich im Trockenen aus Scheidegg hinaus und weiter über Wald- und Fußpfade. Mitten in einer Wiese steht schließlich ein Schild, das mir verkündet, jetzt in Vorarlberg, dem westlichsten Bundesland Österreichs, zu sein. Und zeitgleich fängt es an zu regnen. Erst noch ganz zaghaft, dann immer stärker.

Ich gehe durch ein Wäldchen, dann führt mich die Straße in das kleine Dorf Möggers. Regen tropft von meiner Kapuze. Meine Hosenbeine sind nass, meine Füße auch. Den Blick nach unten gerichtet, stapfe ich an den wenigen Häusern des Orts vorbei. An der Einfahrt zu einem Bauernhof steht ein Mann in Gummistiefeln und blauer Arbeitshose.

Er mustert mich neugierig. Als ich näherkomme, hebt er die Hand. Dann spricht er mich in klangvollem Vorarlbergerisch an: „Gehst den Jakobsweg, oder? Magst reinkommen und einen heißen Kaffee?"

Diese beiden Sätze, diese unerwartete Freundlichkeit, fühlen sich an, wie eine warme Decke, die jemand über meine Schultern legt. Ungeachtet des Regens bleibe ich stehen, lächle, verschnaufe kurz. Dann bedanke ich mich herzlich für das nette Angebot, lehne es aber schließlich ab. Denn würde ich mich jetzt in das warme, trockene Bauernhaus setzen, würde ich vermutlich nicht mehr weitergehen. Der Bauer versteht das. Er wünscht mir trotz des Sauwetters noch einen guten Aufstieg zum Pfänder, dreht sich um und verschwindet in Richtung Scheune.

Von diesem Zuspruch und der Begegnung beflügelt, setze ich meinen Weg fort. Den Weg zum Gipfel des knapp über 1.060 Meter hohen Pfänders schaffe ich, ohne groß über die Anstrengung nachzudenken. Erst, als ich das Gipfelkreuz erreicht habe, bleibe ich wieder stehen.

An schönen Tagen überblickt man von hier oben einen Großteil des Bodensees. Heute versperren Wolken die Sicht. Nur vereinzelt reißt der bedeckte Himmel auf und gibt einen winzigen Blick frei bis zum Wasser und zu den an den See grenzenden Orten. Doch schon dieser kleine Ausblick lässt mein Herz höherschlagen. Der größte See Deutschlands liegt mir sprichwörtlich zu Füßen. Und dort will ich jetzt hin!

Weil der Regen immer noch nicht nachlässt, entscheide ich mich für eine kleine Erleichterung: Ich nehme die Bergbahn ins Tal, die mich direkt nach Bregenz bringt. Dort gehe ich zum See und setze meinen Fußweg fort. Immer dem Ufer folgend, komme ich schließlich zwei Stunden später in Lindau an, wo ich diesmal in einem Privatzimmer unterkomme.

DEM TOD FARBE VERLEIHEN
Gespräch mit Sargmaler Alfred Opiolka
▼

Mein nächster Weg führt mich – nach einem kleinen Zwischenstopp in meiner heutigen Unterkunft – auf die Lindauer Insel. Dort bin ich mit Alfred Opiolka verabredet. Er ist Künstler und Inhaber des „Sargladens". Im Schaufenster dieser besonderen Galerie in der Innenstadt stehen ganz prominent zwei liebevoll bemalte Särge aus hellem Holz. Auf dem einen flattern bunte Schmetterlinge über den Deckel, auf dem anderen wachsen filigrane Wiesenblumen nach oben. Schön! Ich lächle und betrete den Laden.

Auf einer Decke neben dem Eingang liegt ein weißer Königspudel mit einer roten Krawatte um den Hals. Er hebt nur träge den Kopf, dreht sich dann gleich wieder auf die Seite. An einem langen Tisch in der Mitte des Sargladens sitzt Alfred – und ihm gegenüber Martina, eine befreundete Ärztin, die gerne auf einen Kaffee hier vorbeikommt.

Während Alfred einen Espresso für mich macht, plaudern Martina und ich ein wenig. Dann verabschiedet sich Alfreds Freundin und ich nehme mir Zeit, mich in der Galerie umzusehen. Im hinteren Teil stehen ein Werktisch, Regale mit Farben und Werkzeug. An den Wänden hängen farbenfrohe Bilder, die vor allem Naturmotive zeigen. Auf den zweiten Blick erkenne ich, dass die meisten der Bilder ein Geheimnis haben, das sich erst bei näherer Betrachtung zeigt: Die Silhouette eines Menschen oder Teile eines Körpers haben sich wie ein Hauch hinter Blumen oder Bäumen versteckt.

Ich bin erstaunt, fast schon in Bann gezogen. Alfred scheint ein Händchen für besondere Ausdrucksformen zu haben. Doch nicht nur Leinwände werden von ihm bemalt. Eine große Zeit seines künstlerischen Schaffens widmet er Särgen und auch Urnen aus Holz, die er „Schreine" nennt und ganz individuell gestaltet. Wie Alfred denn auf die Idee gekommen sei, gerade diese Objekte zu Kunstwerken zu machen, will ich schließlich von ihm wissen.

„Ich komme aus der Wandmalerei. Als gelernter Kunstmaler gestalte ich Wände und Fassaden", erzählt er. „Vor fast 20 Jahren hatte ich einen Auftrag von einer Bestatterin aus Wiesbaden. Ich sollte dort die Räume ihres Unternehmens gestalten. Und da musste ich mich mit dem Thema Abschied auseinandersetzen. Denn in Räumen von Bestattern, wo jemand aufgebahrt wird und wo ein Abschied stattfindet, da … ja, da wird intensiv gelebt. Ich finde, da braucht es ein großes Feingefühl, um solche besonderen Räume zu gestalten. Ich habe mich damals mit verschiedener Literatur befasst, um mich auf den Auftrag gut vorzubereiten, habe das Tibetische Totenbuch und Bücher von der Sterbeforscherin Kübler-Ross gelesen. Und ich habe beobachtet, wie liebevoll die Bestatterin mit den Verstorbenen und auch mit Trauernden umging. Mit einem Mal war ich mitten in der Materie. Mir ist da auch aufgefallen, wie lieblos das Thema Tod und Bestattung in meiner Umgebung behandelt wird. Das wollte ich ändern. Deshalb habe ich schließlich angefangen, meinen ersten Sarg zu bemalen. Seitdem mache ich das."

ZUM GROSSEN SEE

Nach dem ersten Sarg kam der zweite. Und dann wurden es immer mehr. Alfred sammelte Erfahrungen: Welche Sargform aus welchem Holz eignet sich am besten zum Bemalen? Wo konnte er Sargrohlinge beziehen? Als er schließlich mehrere Exemplare fertiggestellt hatte, präsentierte er sie im Rahmen einer Kunstausstellung in der Nähe von Kempten.

„Vor der Ausstellung musste ich ein Formular ausfüllen, was von mir zu sehen sein wird. Da habe ich geschrieben: ‚bemalte Objekte'. Weil ich dachte, dass ich die Veranstalter verschrecke, wenn ich ‚Särge' schreibe. Die Ausstellung fand draußen an verschiedenen Orten statt. Ich habe für meine ‚Objekte' eine Waldlichtung ausgesucht. Dort habe ich meine fünf oder sechs bemalten Schreine platziert. Die Resonanz der Besucher und Besucherinnen war interessant: Einige kamen, sahen die Särge und haben geweint. Die waren zutiefst berührt. Dann gab es noch andere, eine kleine Gruppe junger Männer. Die wurde wütend und aggressiv. Wenn mein Bruder nicht dazwischen gegangen wäre, hätten die mich verprügelt. Was auch erstaunlich war: Obwohl die Presse vor Ort war und obwohl meine Särge in aller Munde waren, hat niemand über sie berichtet. Ich glaube, die waren sich alle nicht sicher, ob das nun pietätlos war, was ich da machte. Oder ob es eine Provokation oder vielleicht doch ganz ernst gemeint war."

Alfred schmunzelt. „Das, was ich tue, ist für viele fremd. Aber langsam merke ich, dass die Menschen doch offener werden."

Der Künstler lebt für und von der Malerei – und dem Gestalten von Särgen und Urnen. Es sind ja auch nicht einfach bemalte Schreine. Es ist ein Prozess. Gelegentlich – wenn es eilt, weil gerade jemand gestorben ist – verkauft Alfred auch Särge oder Urnen, die er schon vorbereitet und als Ausstellungsstücke hier im Laden hat. Aber in der Regel kommen Menschen zu ihm, die ein ganz individuelles Objekt für sich oder für jemand Nahestehenden möchten.

„Normalerweise bemale ich Gefäße auf Wunsch. Das mache ich so persönlich, wie es geht", erzählt er.

Seine Mutter bekam einen roten Sarg, bemalt mit Ringelblumen, aus denen sie früher so gerne Salben hergestellt hat.

Einer Schneiderin hat der Kunstmaler eine Urne gestaltet, aus der eine übergroße goldene Nadel ragt und die von einem zarten weißen Tuch umhüllt ist: ein Symbol dafür, dass es ihre liebste Arbeit war, Bräute einzukleiden.

„Ich nehme mir Zeit, um mir von den Menschen erzählen zu lassen, was ihnen wichtig ist, was sie ausmacht und beschäftigt. Das versuche ich dann künstlerisch umzusetzen."

Särge und Urnen, die Alfred bemalt, sind viel mehr, als es diese Schreine normalerweise sind: Es sind personalisierte Kunstobjekte, die sich die Menschen schon zu Lebzeiten in ihr Zuhause stellen können und die dann später, nach dem Tod, zur letzten Ruhestätte ihres Leichnams oder ihrer Asche werden.

„Das hier ist zum Beispiel eine Champagnerurne", sagt Alfred, während er aufsteht und ein wundervoll bemaltes hölzernes Kästchen holt. „In der Urne …" Alfred hebt den Deckel an und gibt den Boden mit drei Vertiefungen frei.

„… stehen eine Flasche Champagner und Gläser. Ein Ehepaar hatte sich vor einiger Zeit je eine bemalte Urne bestellt. Der Mann meinte: ‚Meine liefern Sie mir bitte mit einer Flasche Champagner und zwei Gläsern. Denn wenn ich vor meiner Frau sterbe, möchte ich, dass sie und unser Sohn erst einmal auf uns anstoßen.' Die Idee habe ich aufgegriffen und seitdem habe ich die Champagnerurne in meinem Sortiment. Ich gebe meinen Kunden so mit auf den Weg: Nimm dir – am besten mehrmals im Jahr – Zeit, lade liebe Menschen ein, öffne den Champagner, sei dankbar für das, was da ist und trinke auf das Leben. Und stelle anschließend eine neue Flasche in die Urne – mit der Zuversicht, dass auch das nächste Mal du die Flasche wieder öffnen wirst."

Was für eine schöne Idee: Dank einer persönlichen Urne zum einen mit der eigenen Vergänglichkeit konfrontiert zu sein und gleichzeitig das Leben zu feiern! Ich bin beeindruckt. Sich mit dem Tod zu beschäftigten – mit dem eigenen und auch mit dem Tod anderer – hat nicht zwangsläufig zur Folge, dass man sich niedergeschlagen und ohnmächtig fühlt. Im Gegenteil: Oft liegt auch eine Entlastung oder Erleichterung darin. Dieser Gedanke ist mir hier auf dem Jakobsweg immer wieder begegnet.

Als hätte Alfred meine Gedanken gelesen, fährt er fort: „Sich frühzeitig mit dem Tod auseinanderzusetzen, hilft dabei, die Angst loszulassen."

Er deutet mit einer auslandenden Geste zu seinen Schreinen. „Für mich ist das die wichtigste Sache, die ich je gemacht habe."

Alfred erzählt, dass er mit Kunden, die zu Lebzeiten ihre eigene Urne oder den eigenen Sarg bei ihm bestellen, häufig lange in Kontakt bleibt. Dann zeigt er auf den Sarg mit den Schmetterlingen im Schaufenster. „Das ist übrigens mein Sarg. Der Schmetterling symbolisiert für mich den Kreislauf des Lebens, das Kommen und Gehen, und gleichzeitig das Leichte und Unbekümmerte."

Ich stehe auf und sehe mir den Sarg genauer an. Lege die Hand aufs Holz. Streiche über den Deckel. „Wie es sich wohl anfühlt, in einem Sarg zu liegen?", überlege ich laut.

„Probiere es doch aus", sagt Alfred.

Mir gefällt der Vorschlag. Auch wenn mir für einen winzigen Augenblick ein bisschen mulmig zumute ist.

„Ich hole mal Heu als Unterlage. Such dir schon mal einen Sarg aus", meint Alfred und verschwindet.

Als er mit einem Bettbezug, gefüllt mit duftendem Heu, zurückkommt, habe ich mich für den Sarg mit den Wiesenblumen entschieden. Gemeinsam heben wir den Deckel ab und Alfred bettet den Boden mit Heu aus. Dann ist der Moment gekommen. Der Sargmaler macht eine einladende Geste. Ich streife meine Schuhe ab, steige in den Sarg – und lege mich hinein.

Ich liege weich. Wenn ich die Arme neben dem Körper ablege, spüre ich die Seitenwände als Begrenzung. Ich atme ruhig. Schließe die Augen. Öffne sie wieder.

„Soll ich den Deckel zumachen?", fragt Alfred. „Du brauchst nur klopfen, dann mache ich wieder auf."

Ich zögere einen Augenblick. Dann nicke ich.

Der Deckel senkt sich. Es wird dunkel um mich herum. Das Heu knistert, als ich mit meinen Händen die Seitenwände und den Deckel abtaste. Dann lasse ich die Arme sinken und versuche, mich zu entspannen. Klaustrophobisch sollte man nicht sein, sonst wäre dieses Experiment sicher schnell bedrohlich. Aber mir geht es erstaunlich gut. Es fühlt sich friedlich an, hier im Dunkeln zu liegen. Und es ist sehr still.

Dann höre ich gedämpfte Schritte, die sich entfernen. Kurz darauf setzt leise klassische Musik ein.

Ein wenig lasse ich diese Stimmung auf mich wirken. Doch mit einem Mal bekommt die Situation eine gewisse Tragik: Ich fühle mich irgendwie wie auf meiner eigenen Beerdigung. Ich atme flach, spüre einen dicken Kloß im Hals. Für einige Augenblicke spüre ich diesem Gefühl nach. Werde ruhiger. Rieche das Holz und den Duft des Heubetts, auf dem ich liege. Weiß, dass ich sehr lebendig bin, und fühle eine Welle der Dankbarkeit. Dann klopfe ich leicht an den Deckel. Und Alfred hebt ihn wie versprochen an und holt mich wieder ins Licht.

ZWISCHEN DEN GRÄBERN

▼

Als ich wenig später wieder in meiner Unterkunft bin, empfängt mich meine Gastgeberin Barbara schon im Flur. Sie hat ein unkompliziertes, sympathisches Wesen – und vermietet ein Gästezimmer direkt in ihrem Haus. Als sie nachfragt, was ich mir denn in Lindau angesehen hätte, erzähle ich ihr von meiner Suche nach Erfahrungen im Umgang mit dem Tod. Und von meinem Besuch bei Alfred und dem Probeliegen im Sarg. Barbara findet das interessant, auch wenn sie selbst so etwas nicht würde ausprobieren wollen.

Dennoch fällt es ihr nicht schwer, über das Thema Tod zu sprechen. „Ich habe eine Freundin, die ist Totengräberin hier in Lindau. Es ist immer spannend, wenn sie von ihrer Arbeit erzählt", meint sie.

Eine Totengräberin als Freundin? So ein Zufall! Ich frage nach und bekomme von Barbara sowohl die Wegbeschreibung zum Friedhof in Lindau-Aeschach, für den ihre Freundin unter anderem zuständig ist, als auch das Versprechen, bei ihrer Freundin nachzufragen, ob sie Zeit hat, mir ein wenig von sich und ihrer Arbeit zu erzählen.

Obwohl meine Muskeln von der heutigen Etappe immer noch ein wenig brennen, möchte ich mir den Friedhof gern ansehen. Ich breche also noch einmal auf. Natürlich zu Fuß, was mittlerweile ganz selbstverständlich geworden ist.

Eine halbe Stunde bin ich unterwegs. Dann trete ich durch eines der Friedhofstore. Die Anlage ist weitläufig. Ich gehe vorbei an alten, von Efeu fast eingewachsenen Grabsteinen, an Gräbern, die mit einer schweren Granitplatte abgedeckt sind und an solchen, die ein schlichtes schmiedeeisernes oder hölzernes Kreuz ziert. Der Friedhof hat mehrere Bereiche. Ein Steg führt zu einem Weg, der lauschig zwischen Bäumen zu einer etwas erhöhten Ebene führt. Dort sind links noch viele Grabstellen unbesetzt. Rechts sehe ich den muslimischen Teil des Friedhofs. Die Gräber sind schräg ausgerichtet und zeigen Richtung Mekka.

Ich gehe zurück zum Tor, bewundere liebevoll arrangierte Grabbepflanzungen und genieße die Ruhe und die friedliche, beinahe feierliche Stimmung.

Kurz bevor ich den Friedhof wieder verlasse, bekomme ich eine Nachricht von Barbara: Ihre Freundin Carola würde gerne mit mir sprechen. Sie hat schon Feierabend und ist zu Hause, aber ich könne sie anrufen. Kurz nehme ich noch einmal die Eindrücke auf, die der Friedhof bei mir hinterlässt. Dann gehe ich zurück zu meiner Unterkunft, mache es mir in meinem Zimmer in einem Sessel bequem und wähle Carolas Nummer.

ZUM GROSSEN SEE

EHRFURCHT UND DANKBARKEIT
*Gespräch mit Carola Wiedenroth,
Friedhofsgärtnerin und Totengräberin*

▼

Carolas Stimme klingt warm und sympathisch. Es liegt etwas Verbindliches in der Tonlage, in der sie spricht. Wir nehmen uns kurz Zeit, uns einander vorzustellen. Dann möchte ich von Carola wissen, wie man denn Totengräberin wird.

„Den Beruf Totengräber gibt es so eigentlich nicht", erklärt sie. „Das ist eine Tätigkeit. Mein Opa war auch Totengräber. Aber sein offiziell erlernter Beruf war Webermeister. Ich bin gelernte Floristin und jetzt bei der Stadt als Mitarbeiterin für den Bereich Friedhof angestellt. Beim Einstellungsgespräch wurde ich gefragt, ob ich mir auch vorstellen könnte, ein Grab zu öffnen und bei Beerdigungen einen Sarg oder bei Beisetzungen eine Urne zu tragen. So bin ich nicht nur Friedhofsgärtnerin, sondern auch Totengräberin. Das gehört zu meinen Aufgaben. Manchmal haben wir eine oder mehrere Bestattungen am Tag. Manchmal auch keine. Wenn es mehrere sind, dann ist der Tag damit ausgefüllt. Jedes Grab muss erst geöffnet werden. Nach dem Schließen des Grabs werden Blumen, Kränze und Gestecke am Grab arrangiert. Und danach müssen wir uns noch umziehen, um angemessen gekleidet zu sein, wenn wir die Urne oder den Sarg zum Grab tragen."

Carola ist seit mittlerweile zweieinhalb Jahren auf den städtischen Friedhöfen der Stadt Lindau tätig und sie ist sich sicher, dass das für sie das Richtige ist. „Ich möchte das machen. Und ich kann das machen", bringt sie es auf den Punkt. „Ich denke, nicht jeder kann das. Wer noch nie mit dem Tod konfrontiert war, tut sich mit dieser Arbeit sicher schwer. Man muss sich beispielsweise beim Tragen einer Urne oder eines Sargs schon bewusst machen, dass man da einen Menschen oder dessen Asche quasi in Händen hält."

Eine Urne tragen die Angestellten des Friedhofs allein. Ein Sarg wird in der Regel von vier oder sechs Personen getragen. Manchmal übernehmen das auch Angehörige oder Freunde. Dann sind Carola und ihre Kollegen für das Absenken des Sargs zuständig und dafür, das Grab nach der Bestattung zu schließen.

„Wenn Angehörige die Urne zum Grab tragen, stehe ich begleitend zur Seite. Es ist nämlich nicht leicht, einen Verstorbenen selbst zu seiner letzten Ruhestätte zu bringen. Wenn es den Angehörigen zu schwerfällt, übernehme ich die Urne."

Carola hat in ihrem Beruf mit den Lebenden und mit den Toten zu tun. Ein freundlicher, zugewandter Umgang mit den Angehörigen gehört für sie ebenso dazu wie Respekt den Verstorbenen gegenüber. Das hat sie nach und nach gelernt und ihre anfängliche Unsicherheit, vielleicht etwas falsch zu machen, nicht das richtige Tempo zu gehen oder die Urne nicht richtig zu halten, abgelegt. Was ihr dabei geholfen hat, waren Rückmeldungen von Angehörigen, die dankbar für ihre Tätigkeit und den würdevoll gestalteten Abschied sind.

„Ich finde meine Arbeit wichtig. Die lässt sich nicht schnell mal nebenbei erledigen. Ich muss mir dafür Zeit nehmen. Und darauf achten, dass meine Schuhe geputzt sind, dass ich ordentlich angezogen bin, dass alles stimmig ist", sagt Carola. „Das ist schließlich der letzte Weg eines Menschen, den ich da begleite."

Besonders traurig findet die Totengräberin es, wenn ein Verstorbener auf diesem letzten Weg allein ist. „Wir hatten schon Beisetzungen, bei denen kein Angehöriger, kein Freund oder Nachbar gekommen ist. Wenn keiner am Grab ist, dann warten wir immer noch ein wenig, ob nicht doch noch jemand kommt. Wenn wir, meine Kollegen und ich, die einzigen sind, die bei der Bestattung vor Ort sind, halten wir kurz inne, suchen noch ein Blümchen und legen es auf den Grabhügel."

Carola sagt, die Bestattungsart habe sich geändert. „Es gibt immer weniger Erdbestattungen. Auch die Einzelurnengräber werden weniger. Die meisten Beisetzungen finden in Gemeinschaftsgräbern statt. Dort gibt es dann nur Namenstafeln, aber keine persönlichen Grabsteine. Hin und wieder entscheiden sich die Angehörigen sogar gegen eine Namenstafel."

Carola findet es schade, dass die Friedhofkultur heute in diese Richtung geht. „Ein handwerklich gut gemachter, individueller Grabstein, von einem Steinmetz gefertigt, das ist doch etwas Schönes", meint sie.

Und da gibt es noch etwas, was die Friedhofsmitarbeiterin wirklich stört: „Ich finde auch, dass die Ehrfurcht vor den Toten verschwindet. Ich erlebe, dass unser Friedhof gelegentlich als verkehrsarme Abkürzung genutzt wird, und man dort schnell mit dem E-Bike durchsaust. Manche Leute machen sich keine Gedanken, dass da vielleicht gerade eine Beisetzung stattfindet und dass das stört. Oder Hundebesitzer, die ihre Hunde ohne Leine über den Friedhof laufen lassen und dann pinkelt der Hund an ein Grab."

Dass Menschen den Friedhof hingegen als Ort der Ruhe nutzen, hier spazieren gehen und gerne verweilen, findet sie schön. „Der Friedhof sollte ein Platz sein, auf dem man innehalten kann, auf dem man genießen kann, dass es hier keine Hektik gibt."

Am besten gefällt Carola an ihrem Beruf, dass sie ein gutes Team sind und die Zusammenarbeit Spaß macht. Und dass sie an einem so schönen Ort arbeiten darf.

„Es ist so friedlich hier. Es gibt Raum, Wasser, Schatten, Bänke, Vogelgezwitscher, schöne alte Bäume."

Mit ihrem Chef sitzt sie dann auch manchmal auf einer der Bänke. Vor allem dann, wenn es um die Gestaltung des Friedhofs geht. „So sehen wir, wo wir vielleicht etwas verändern sollten, wo wir andere Sträucher setzen könnten oder den Standort einzelner Pflanzen anpassen müssen. Es braucht Ruhe, um den Blick dafür zu bekommen."

Und natürlich gehören auch Heckeschneiden oder Rasenmähen zu ihren Aufgaben.

Das Kurioseste, was Carola immer wieder erlebt, sind Funde beim Öffnen oder Auflösen von Gräbern. Da kommen nicht nur Überreste von Särgen, Scharniere oder Schrauben, zum Vorschein, sondern natürlich auch Knochen und vor allen Dingen Sachen, die nicht verrotten – von Zahnprothesen bis zu künstlichen Hüftgelenken.

„Deshalb möchte ich selbst keine Erdbestattung. Wenn ich einmal gestorben bin, will ich verbrannt werden", hat Carola für sich beschlossen. „Ich will nicht, dass jemand später mal meine Knochen findet. Das ist doch auch so etwas wie meine Intimsphäre, oder?"

Wovon sie auch schon eine Vorstellung hat, ist der Platz, an dem sie bestattet werden will.

ZUM GROSSEN SEE

„Ich möchte gerne ein eigenes kleines Grab haben, an das nicht den ganzen Tag die Sonne hinknallt. Halbschatten wäre schön. Und ich möchte einen zu mir passenden Grabstein." Aber auf eine bestimmte Grabstelle würde sie sich jetzt noch nicht festlegen wollen.

„Denn das würde ja bedeuten, dass ich da jeden Tag vorbeikomme und mir denken würde: Da liegst du also mal. Ich finde auch, dass man nicht alles vorher planen sollte. Man sollte ruhig den Angehörigen noch ein paar Aufgaben übriglassen. Die brauchen doch auch etwas zu tun. Das hilft ja, mit der Trauer besser umzugehen."

Ein schöner Gedanke, finde ich. Und es ist irgendwie befreiend, dass wir gerade über Carolas Ideen gemeinsam schmunzeln können. Das ist wichtig, meint sie. Denn auch ihr helfen Humor und das Lachen mit ihren Kollegen – gerade, wenn es ein anstrengender Tag mit besonders traurigen Bestattungen war.

„Es gibt schon Tage, die nehmen mich mit", erzählt sie. „Heute war die Bestattung eines Kindes. Eine Totgeburt. Da haben die Eltern ein kleines Bäumchen ans Grab gestellt. Daran hingen selbstgehäkelte Babyschühchen. Das geht mir immer noch nach. Aber es gibt auch gute Momente. Wenn ich Leute sehe, die das Grab eines Angehörigen besonders schön bepflanzen und ich ihnen das dann auch sage und sie sich darüber freuen. Oder Bestattungen von Menschen, die schon alt waren und die ihr Leben gelebt haben. Ein hoffentlich erfülltes Leben."

ETAPPE
11

MIT LETZTER KRAFT

LINDAU ▸ ST. GALLEN

MIT LETZTER KRAFT

SICH DER LETZTEN HERAUSFORDERUNG STELLEN

▼

Heute ist der letzte Tag meines Jakobswegs. Das ist das Erste, woran ich denke, als ich morgens die Augen aufschlage. Sofort stellt sich eine Mischung aus Wehmut und Vorfreude ein: Der Gedanke, vom Zu-Fuß-unterwegs-sein Abschied nehmen zu müssen, wird vom Blick auf zu Hause und auf ein wenig Erholung von den Strapazen erhellt.

In gewohnter Routine packe ich ein letztes Mal alle meine Habseligkeiten – für den Fußweg sinnvoll sortiert – in meinen Rucksack. Scheinbar leichtfüßig breche ich auf und mache mich auf den Weg zum Ufer des Bodensees, um dort die Fähre nach Rorschach zu nehmen.

Bei dieser Leichtigkeit wird es heute nicht bleiben, das habe ich im Gefühl – und es wird mich nicht trügen. Doch erst einmal genieße ich ganz entspannt die besondere Atmosphäre rund um das „schwäbische Meer". Die Überfahrt dauert eine Stunde. Als ich das Schiff verlasse, stehe ich auf Schweizer Boden und es kommt mir unwirklich vor, dass ich es bis hierher – mit kleinen Ausnahmen – zu Fuß und aus eigener Kraft geschafft habe.

Vom Rorschacher Hafen führt der Weg nach oben durch die Stadt auf den Berg.

Ich muss mich immer wieder zurückwenden, um noch einmal einen Blick auf den Bodensee zu werfen. Ich überblicke von meiner Anhöhe aus einen Großteil des Sees und kann bis zum anderen Ufer nach Deutschland, wo ich gerade noch die ersten Schritte des Tages gesetzt habe, hinübersehen. Das Wasser kräuselt sich leicht. Es schimmert graublau unter den immer dichter werdenden Wolken. Da braut sich etwas zusammen, worüber ich aber gerade nicht weiter nachdenken will.

Beim letzten Haus der Stadt Rorschach heißt mich ein Schild auf dem Schweizer Jakobsweg willkommen. Ich biege in einen Feldweg ein. Serpentinenartig schlängelt er sich nach oben. Nachdem ich die Autobahn überquert habe und am höchsten Punkt des Sulzbergs angekommen bin, liegt Deutschlands größter See wie eine Pfütze unter mir. Ich denke an die Landschaft einer Modelleisenbahn und sehe, dass sich an manchen Stellen die Sonne im Wasser spiegelt. Bis zu mir kommt sie leider nicht durch.

Ich gehe an einem Gehöft vorbei, dann führt mich der Weg weiter durch offenes Gelände. Und genau in dem Augenblick, als es keinen Unterstand, keinen Schutz mehr gibt, fallen die ersten Tropfen. Ich kann gerade noch meine Regenjacke überstreifen, dann ist es, als hätte der Himmel alle Schleusen geöffnet.

Es schüttet wie aus Eimern. So stark, wie ich es selten erlebt habe. So sehr, dass es all die Regenepisoden während meines bisherigen Wegs in den Schatten stellt. Die Tropfen, die in die schnell größer werdenden Pfützen klatschen, schlagen Blasen. Keine hundert Meter später bin ich trotz Regenschutz völlig durchnässt. Meine Hose klebt an den Beinen, Regen läuft mir über Hals und Nacken den Rücken hinunter, meine Socken haben sich vollgesogen, die Wasserschlieren auf meinen Brillengläsern erschweren die Orientierung. Ich fühle mich den Elementen ausgeliefert, kann nichts tun, als einfach weiterzugehen. Jeder Schritt strengt mich an. Mir ist kalt. Ich wate durch eine regenverschleierte Welt. Am liebsten würde ich heulen!

Es dauert eine gefühlte Ewigkeit, bis schließlich eine asphaltierte Straße auftaucht. Und, als hätte der Himmel es geschickt, ein Bushäuschen! Erleichtert schiebe ich mich darauf zu und lasse mich schließlich unter dem schützenden Dach auf die Bank sinken. Ein leichter Wind schiebt den Regen wie einen schrägen Vorhang an mir vorbei. Zitternd schlinge ich die Arme um den Oberkörper.

So sitze ich ein paar Minuten wie hypnotisiert einfach da und starre vor mich hin. Dann fällt mir ein, dass ein Bushäuschen ja bedeutet, dass hier ein Bus vorbeikommen wird. Ich sehe mich um und entdecke einen Fahrplan an der Glaswand. In einer halben Stunde soll es so weit sein! Und der Bus würde mich direkt ins Zentrum von St. Gallen bringen! Das ist sehr verlockend. Soll ich für die letzte Etappe meines Wegs auf die Unterstützung zurückgreifen? Irgendwie fühlt sich das – Regen hin oder her – nicht stimmig an.

Ich lasse mir Zeit mit meiner Entscheidung. Immerhin dauert es ja noch etwas, bis ich wissen muss, was ich tun werde. Doch kurz bevor der Bus kommen soll, hört der Regen bis auf ein leichtes Tröpfeln auf.

Meine Entscheidung fällt: Ich werde weitergehen! Mein Plan war es, zu Fuß in St. Gallen anzukommen. Und das werde ich jetzt in die Tat umsetzen.

Als ich durch das nächste Dorf gehe, fährt der Bus an mir vorbei. Ich lächle. Meine Entscheidung war richtig. Über Wald und Wiesenwege nähere ich mich St. Gallen. Etwa eineinhalb Stunden gehe ich einfach. Ohne mir großartige Gedanken zu machen. Meine Füße machen bei jedem Schritt ein schmatzendes Geräusch. Es ist mühsam, mit nassen Füßen zu laufen. Aber es war meine eigene Entscheidung. Ich bin zuversichtlich. Nach und nach wird mir auch wieder warm. Das hilft.

Und dann passiere ich die Stadtgrenze von St. Gallen! Das Gefühl ist für einen Augenblick richtig erhebend. Doch im nächsten Moment fühlen sich meine Beine bleischwer an. Knapp 300 Kilometer liegen hinter mir und die spüre ich jetzt in allen Knochen. Ich gehe langsam, schleiche geradezu.

Dann habe ich das historische Zentrum des UNESCO-Kulturerbes St. Gallen erreicht. Es kostet mich Kraft, die Schönheit dieser Stadt wahrzunehmen. Erschöpft lasse ich mich auf einen Stuhl vor einem Café fallen. Bestelle mir einen Espresso. Merke, wie meine Beine anfangen zu kribbeln. Wie die Anspannung abfällt, der Schmerz in den Füßen nachlässt. Wie Freude mich flutet und mir eine Träne über die Wangen läuft.

Jetzt bin ich angekommen!

ÜBER DAS ENDE SELBST ENTSCHEIDEN
Gespräch mit Freitodbegleiter Dr. Andreas Stahel

▼

Am späten Nachmittag – nachdem ich mich endlich aufraffen konnte, aufzustehen und meinen Rucksack zu meiner Unterkunft zu bringen – fahre ich mit der S-Bahn zurück in die Innenstadt. Dort treffe ich mich mit Dr. Andreas Stahel. Der pensionierte Anästhesist war lange Jahre, neben vielen verschiedenen Stationen, auch an einer Klinik hier in

St. Gallen tätig. Heute lebt er in Winterthur und ist Vorstandsmitglied des Vereins Exit, der sich für ein selbstbestimmtes Lebensende einsetzt und Sterbehilfe anbietet.

„Als ich noch Vollzeit im Berufsleben stand, war ich sozusagen mit der Arbeit verheiratet – obwohl ich eine Familie habe", erzählt der Mediziner schmunzelnd. „Mit Beginn meiner Pensionierung war ich erst einmal froh, ein wenig Ballast abwerfen zu können. Aber mir war bewusst, dass man nach einem so intensiven Job nicht einfach nichts tun kann. Deshalb habe ich nach einer anderen, sinnvollen Tätigkeit gesucht. Durch Zufall wurde ich von der jetzigen Präsidentin von Exit angesprochen, ob ich mir vorstellen könnte, bei dem Verein das Ressort Freitod zu übernehmen. Seit einigen Jahren bin ich nun dort für diesen Bereich zuständig, engagiere mich für sämtliche medizinischen Themen und in der Organisationsentwicklung."

Die Schweiz war Vorreiter in der passiven Sterbehilfe. Dr. Stahel ist vom Ansatz der Sterbehilfeorganisationen überzeugt. „Es ist wesentlich humaner, mit uns zu sterben, als sich vor einen Zug zu werfen", findet er.

Exit ist nicht nur für Sterbewillige da, um ihnen den Weg zum Freitod zu ermöglichen. Vielmehr sieht sich der Verein als ganzheitliche Institution, die Menschen in schwierigen – teilweise ausweglos scheinenden – Lebenssituationen zur Seite steht.

„Wir versuchen, den Menschen zu einem würdigen Tod zu verhelfen. Aber wir betreiben auch aktiv Suizidprävention. Wenn Menschen zu uns kommen und sagen, sie wollen sterben, dann gehen wir erst einmal mit ihnen ins Gespräch. Wir vermitteln beispielsweise an Beratungsstellen. Viele können den Suizidgedanken wieder loslassen, wenn sie geeignete Hilfe bekommen. Oft reicht auch die Gewissheit, dass sich die Menschen jederzeit wieder bei uns melden können und wir sie ernst nehmen. Mit dieser Sicherheit ist der Wunsch zu sterben für manche weniger akut. Und einige entscheiden sich dann, doch weiterleben zu wollen. Außerdem beraten wir bei Patientenverfügungen, die auch bei uns hinterlegt werden können. Und wir prüfen schließlich genau, ob die Situation des jeweiligen Menschen tatsächlich einen Freitod rechtfertigt. Jährlich begleiten wir rund 1.200 Personen beim Sterben. Das ist etwa die Hälfte derjenigen, die bei uns danach anfragen", erzählt Andreas Stahel.

Neben der Vorstandstätigkeit ist Dr. Stahel für Exit auch als Konsiliararzt tätig, macht Abklärungen zur Urteilsfähigkeit und ist zuständig, wenn der jeweilige Hausarzt des Sterbewilligen es aus religiösen, ethischen oder anderen Gründen ablehnt, ein Rezept für ein Sterbemittel auszustellen – was in der Schweiz von Rechts wegen erlaubt ist.

„Dieses Sterbemittel ist ein Barbiturat, das früher auch als Narkosemittel eingesetzt wurde. Das Mittel kann man in Wasser auflösen und trinken oder auch als Infusion verabreichen", erklärt Dr. Stahel. „Egal, wie man das Mittel einnimmt: Es wirkt schnell. In der Regel schlafen die Sterbewilligen nach etwa drei Minuten ein. Der Tod tritt dann nach ein paar weiteren Minuten durch Atem- und Herzstillstand ein. Das ist eine sehr friedliche Form des Sterbens."

Und diese Art des sanften Hinübergleitens wünschen sich immer mehr Menschen. Man muss Mitglied sein beim Verein Exit, den es seit über 40 Jahren gibt, um die Freitodbegleitung in Anspruch nehmen zu können. Anfangs hatte der Verein nur wenige Mitglieder, mittlerweile sind es über 160.000 Menschen. Beitreten können nur volljährige Schweizer Staatsbürger. Viele sind Mitglied, weil sie die Idee einer humanen Freitodbegleitung unterstützen wollen. Einige auch deshalb, weil sie schwer erkrankt sind und ihr Lebensende selbst festlegen wollen.

Mich interessiert, wie der Prozess ganz konkret abläuft, wenn sich Menschen mit einem Sterbewunsch an Exit wenden.

„Unsere Zentrale in Zürich prüft jede Anfrage sehr detailliert. Wenn der Sterbewunsch begründet ist, dann schicken wir einen Freitodbegleiter oder eine Freitodbegleiterin zum Sterbewilligen. Unser Verein beschäftigt sorgfältig ausgesuchte und ausgebildete Freitod-Begleitpersonen. Diese kommen aus den diversesten Berufen, haben jedoch meist eine persönliche Beziehung zum Sozial- oder Medizinalwesen. Viele sind auch ausgebildete Pflegekräfte, Sozialarbeiter oder kommen aus ähnlichen Berufsfeldern. Alle sind bei uns nebenamtlich tätig, haben also noch eine andere reguläre Beschäftigung. Einer unserer Grundsätze ist nämlich, dass sich niemand am Sterben anderer bereichern darf", stellt Andreas Stahel klar. „Jährlich kommen etwa zehn neue Freitodbegleiter und -begleiterinnen hinzu. Die durchlaufen eine einjährige Ausbildung mit einem theoretischen Teil und Hospitationen bei einer etablierten Freitod-Begleitperson. Anschließend beurteilen sowohl Exit als auch ein unabhängiges psychologisches Institut, ob die Person für die Aufgabe geeignet ist. Wir wollen schließlich, dass unsere Mitarbeitenden gut vorbereitet sind, wenn sie mit Sterbewilligen und Angehörigen sprechen, wenn sie den Abschied begleiten und schließlich das Sterbemittel abgeben."

Damit die Mitarbeitenden von Exit selbst gut mit ihrer Aufgabe klarkommen, gibt es Supervisionen und regelmäßige Fallbesprechungen. Und natürlich ist es möglich, dass eine Begleitperson einen Fall ablehnen oder abgeben kann, wenn sie mit der speziellen Situation schwer zurechtkommt. Dr. Stahel hat selbst bereits einige Sterbeprozesse für Exit begleitet und kennt zahlreiche Berichte von Freitodbegleitern. Deshalb weiß er auch, dass Sterben etwas sehr Individuelles ist.

„Wir versuchen, so gut es geht auf die Wünsche des Sterbewilligen einzugehen. Manche wollen für ihre letzten Momente Musik, manche wünschen sich, noch einmal mit einem Glas Wein mit der Familie anzustoßen. Oder sie möchten, dass ihnen jemand etwas vorliest. Manche wollen sich noch bei nahestehenden Menschen bedanken. Was wir auch beobachten: Die allermeisten Menschen, die von uns begleitet werden, freuen sich auf das Gehen. Sie sind wirklich bereit, Abschied zu nehmen. Man darf ja nicht vergessen, dass die Entscheidung, selbstbestimmt zu sterben, auch Mut braucht. Da gab es vorher in der Regel einen langen Entscheidungsprozess."

Begleiten Mitarbeitende von Exit einen Menschen beim Sterben, dann handelt es sich rein rechtlich auch in der Schweiz um einen „außergewöhnlichen Todesfall". „Deshalb sind auch immer Polizei und Gerichtsmedizin in den Prozess mit eingebunden, die nach dem Tod vor Ort attestieren, dass alles rechtmäßig abgelaufen ist", erklärt Dr. Stahel. „Die Kriterien, wann der Verein einen Freitod begleitet, sind darüber hinaus streng und klar definiert. Erst, wenn es keine andere Lösung gibt, wird eine Freitodbegleitung vermittelt. Der Weg von der Anfrage über die Prüfung bis zum begleiteten Suizid dauert von zwei Wochen – was die absolute Ausnahme darstellt – bis zu mehreren Monaten. Um eine

Freitodbegleitung von Exit zu bekommen, müssen die Menschen entweder an einer Krankheit, verbunden mit Schmerzen oder großen physischen oder psychischen Einschränkungen, leiden. Oder sie müssen nachweisen, dass sie nicht mehr in der Lage sind, ein selbstbestimmtes Leben zu führen, weil sie beispielsweise altersbedingt nicht mehr gut sehen, nicht mehr gut hören, sich kaum mehr bewegen können und auf ständige Hilfe angewiesen sind. Alle Menschen, die eine Sterbebegleitung wünschen, müssen urteilsfähig sein."

Die jüngste Sterbewillige, die von Exit bei ihrem Freitod begleitet wurde, war Mitte 30, die ältesten sind über 90. In den meisten Fällen findet die Verabreichung des Sterbemittels schließlich in der Wohnung des Sterbewilligen oder – bei älteren Menschen – im Alters- und Pflegeheim statt. Geht das nicht oder wird das nicht gewünscht, hat Exit in unterschiedlichen Regionen der Schweiz angemietete Appartements – sogenannte Sterbezimmer. In aller Regel sind dann auch Angehörige oder Freunde beim Sterbeprozess anwesend.

„Wir erleben es ganz selten, dass Nahestehende die Entscheidung des Sterbewilligen nicht akzeptieren und sich dem verweigern. Wenn das so ist, versuchen wir zu vermitteln. Denn wir verstehen unsere Rolle mittlerweile auch als Begleiter für alle Beteiligten – nicht nur für die Sterbewilligen, sondern auch für deren Umfeld. Wir sind deshalb auch über den Tod hinaus für die Angehörigen da und vermitteln diverse Beratungs- und Hilfsangebote."

Ich frage Dr. Stahel am Ende unseres Gesprächs, wie er denn selbst gerne einmal sterben würde.

Der Arzt muss nur kurz nachdenken und antwortet dann: „Am liebsten würde ich natürlich möglichst schmerzfrei sterben. Gerne an einem Ort, an dem es Menschen gibt, die mir wohlgesonnen sind. Und ich wünsche mir einen kurzen Sterbeprozess. Doch das kann ich ja nicht wirklich beeinflussen. Das ist schon auch Schicksal. Jedenfalls schließe ich für mich eine Freitodbegleitung nicht aus, falls das nötig sein sollte."

Und dann gibt es noch etwas, das Andreas Stahel wichtig ist: „Die Medizin hat in den vergangenen Jahrzehnten so viele Fortschritte gemacht, wodurch sich das Leben von Menschen immer mehr verlängert hat. Als langjähriger Arzt kann ich sagen, dass wir damit aber nicht nur Gutes tun. Wir verlängern heute das Leben oft künstlich und zögern den Tod hinaus, bis längst keine Lebensqualität mehr besteht. Ich finde, wir müssen Menschen nicht nur würdig leben, sondern auch würdig sterben lassen. Deshalb macht die Arbeit, die ich bei Exit mache, für mich Sinn."

NACH DEM
JAKOBSWEG

EINEN ABSCHLUSS FINDEN

MÜNCHEN ▾ REGENSBURG

MÜNCHEN – REGENSBURG

AUF UMWEGEN NACH HAUSE
▼

Tags drauf breche ich auf in Richtung Zuhause. Allerdings habe ich noch einen Zwischenstopp in München geplant, wo ich mich mit mehreren Menschen verabredet habe, die mir ein wenig über ihre Einstellung zum Sterben und von ihren Erfahrungen rund um den Tod erzählen werden.

Doch erst einmal steht eine Zugfahrt an. Und die gestaltet sich etwas kompliziert. Denn eigentlich hatte ich erwartet, dass in der Schweiz alles funktioniert wie das sprichwörtliche Schweizer Uhrwerk. Doch am Bahnhof in St. Gallen informiert mich gleich beim Betreten der Halle die Anzeigetafel darüber, dass der Eurocity nach München entfällt. Am Schalter rät mir der freundliche Bahnmitarbeiter, lieber nicht den nächsten Schnellzug, der restlos überfüllt sein wird, sondern die längere Regionalverbindung mit einigen Umstiegen zu wählen.

Dass es nicht so läuft, wie ich es geplant habe, das habe ich in den vergangenen Tagen immer wieder erlebt, weshalb mich die Veränderung meines Wegs nicht weiter aus dem Takt bringt. Ich steige also in die S-Bahn Richtung St. Margareten. Als wir kurz vor dem ersten Zielbahnhof sind, wird die Bahn langsamer und bleibt schließlich stehen. Und das minutenlang. Was zur Folge hat, dass mir der Anschlusszug direkt vor der Nase davonfährt. Also muss ich auf den nächsten Zug warten. Allerdings bleibt mir danach nichts anderes übrig, als in Lindau schließlich doch den als überfüllt angekündigten, späteren EC zu nehmen. Es ist, wie es ist.

Die Leute um mich herum sind genervt. Das wäre ich sonst sicherlich auch. Aber ich habe auf meinem Jakobsweg nicht nur Schritte, sondern auch eine große Portion Gelassenheit gesammelt. Also nutze ich die Zwangspause, um mir die letzten Bilder auf meinem Handy anzusehen, den Weg noch einmal Revue passieren zu lassen und eine Nachricht an meine Lieben zu Hause zu schreiben. Die Zeit vergeht schnell. Und ich habe Glück! Neben einer anderen Reisenden ist noch ein Platz frei.

Draußen fliegt die Landschaft vorbei, ich sitze, es ist trocken, ich muss nichts weiter tun, als mich zurückzulehnen.

Völlig in meiner Mitte komme ich schließlich mit zwei Stunden Verspätung in München an. Ich kann dort bei einer Freundin übernachten, bringe meinen Rucksack dorthin und schlendere – befreit von jeglichem Ballast – durch die Stadt.

SICH SELBST WENIGER WICHTIG NEHMEN
Gespräch mit Dirk Addicks,
ehrenamtlicher Hospizbegleiter
▼

In München-Neuhausen treffe ich Dirk. Der Mathematiker, der im IT-Bereich arbeitet, ist ehrenamtlich als ambulanter Hospizbegleiter tätig. Seit 2012 begleitet er durchschnittlich ein bis zwei Menschen pro Jahr, manchmal nur ein paar Wochen, manchmal auch über das ganze Jahr und darüber hinaus – je nachdem, wie lange die letzte Phase des Lebens dauert.

Sozial engagiert hat sich Dirk immer schon: Er hat Zivildienst gemacht und während seines Studiums als Begleiter von Schwerstbehinderten gejobbt. Als seine Kinder klein waren, hat er einen Kinderladen – einen alternativen, von Eltern gegründeten und verwalteten Kindergarten – mitorganisiert. Als die Kinder größer waren, hat er überlegt, ob Hospizarbeit zu ihm passt.

„Der Christophorus Hospizverein hier in München ist einer der ältesten in Deutschland", erzählt Dirk. „Der Verein betreibt ein stationäres Hospiz mit 16 Betten. Gleichzeitig werden auch Menschen unterstützt, die zu Hause leben. Das kann die eigene Wohnung sein, aber auch eine Wohngruppe oder ein Wohnheim für Menschen mit Behinderung. Ich bin im ambulanten Bereich tätig und gehe zu den Menschen nach Hause."

Dirk hat bisher 14 Menschen in der letzten Lebensphase begleitet. Zwischen den Einsätzen wird immer eine Pause eingelegt. „Die brauche ich für mich. Um zurückzublicken und abzuschließen."

Um als Hospizbegleiter zu arbeiten, hat Dirk erst eine umfangreiche Ausbildung und ein Praktikum gemacht.

„Zum einen, um notwendige Kompetenzen zu erlernen. Zum anderen aber auch, um festzustellen, ob man überhaupt für die Hospizarbeit geeignet ist. Denn man kann nicht jeden auf Menschen loslassen, die sich an ihrem Lebensende befinden. Man soll als Hospizbegleiter ja Baustellen wegnehmen und nicht neue dazugeben", verdeutlicht er. „Dass die Ausbildung über mehr als ein Jahr geht, ist also sinnvoll. Zudem ist es eine gute Vorbereitung: Für die Hospizarbeit braucht man Zeit. So schnell stirbt es sich nicht. Und man braucht Ruhe und die Bereitschaft, sich voll einzulassen. Wenn ich bei einem Sterbenden bin, schalte ich mein Handy aus und bin in der Zeit nicht erreichbar.

EINEN ABSCHLUSS FINDEN

Hospizbegleitung kann man nicht schnell nebenbei machen." Gleichzeitig ist Hospizarbeit Teamwork: Hospizbegleiter arbeiten mit Ärzten, Pflegefachkräften oder Sozialarbeiterinnen genauso zusammen wie mit An- und Zugehörigen, Seelsorgern und Therapeutinnen.

„Für medizinische oder pflegerische Aufgaben sind andere zuständig. Natürlich informiere ich mich, was bei ‚meinen' Patienten zu beachten ist. Aber ich behandle oder therapiere nicht. Ich komme einmal die Woche dazu und bringe Zeit mit."

Dirk erzählt, für wen er zuständig ist und dass eine letzte Lebensphase nicht nur Sterbende, sondern auch Lebende betrifft: „In der Hospizarbeit begleiten wir neben den Patienten vor allem auch ihnen nahestehende Menschen. Oft brauchen diese genauso Unterstützung oder Entlastung – oder einfach jemanden zum Reden."

Auf die Frage, was man sonst noch mitbringen muss, um Menschen am Lebensende zu begleiten, hat Dirk eine klare Antwort: „Innere Stabilität. Und vor allem darf man sich selbst nicht so ernst nehmen. Man ist nicht so wichtig. Diese Einstellung hilft nicht nur in der Hospizarbeit, sondern auch sonst im Leben. Jemand, der nur auf sich selbst fixiert ist, kann sich nicht wirklich auf andere einlassen. Und gerade das ist bei der Begleitung von Sterbenden so wichtig."

Und man muss bereit sein, die Dinge so zu nehmen, wie sie eben sind.

„Nicht jeder Tod ist schön. Nicht alle gehen in Frieden mit sich und der Welt", stellt Dirk heraus. „Es gab Sterbende, die ich begleitet habe, die fanden den Tod zum Kotzen.

Das kann ich nicht wegreden. Die Herausforderung in der Hospizarbeit ist, dass man keinen Plan machen kann. Es gibt kein Ziel, das es zu erreichen gilt und für das man Lösungswege finden kann. Das ist oft mühsam."

„Und warum machst du es trotzdem?", frage ich nach.

„Weil ich es kann", antwortet er, ohne zu zögern. „Und natürlich, weil ich die Arbeit sinnvoll finde." Es mache ihm Freude, mit den Personen, die er begleitet, etwas zu unternehmen. Und durch sie auch seinen Horizont zu erweitern.

„Ich habe beispielsweise einen Menschen mit einer geistigen und körperlichen Behinderung begleitet, der am liebsten Bud-Spencer-Filme angeguckt hat. Diese Filme hätte ich ohne ihn nie gesehen", schmunzelt Dirk. „Gerade begleite ich einen Menschen, der für sein Leben gerne Schnäppchen kauft. Das ist nicht ganz meine Welt. Aber ich lasse mich darauf ein. So bekomme ich Einblicke in ein völlig anderes Leben – und lerne Neues dazu."

Zwischen den Menschen, die begleitet werden, und dem Hospizhelfer muss die Chemie stimmen. Nur so ist die gemeinsame Zeit für alle Seiten gut und stimmig.

„Ich wäre nicht der richtige Begleiter für hochreligiöse Menschen. Ich kann keine Kirchenlieder oder Gebete. Da hätte der Mensch mehr davon, wenn jemand an seiner Seite steht, der hier versiert ist. Aber grundsätzlich bin ich für alles offen", meint Dirk.

Vor jeder Begleitung gibt es ein Vorgespräch mit der Einsatzleitung des Hospizes. Es wird abgeklärt, was der Auftrag genau dieser Begleitung ist und worum es geht.

„Schon hier wird nachgeprüft, ob Begleiter und Patient zusammenpassen. Da geht es nicht nur um gemeinsame

EINEN ABSCHLUSS FINDEN

Interessen. Wenn der Auftrag beispielsweise Fahrdienste zur Ärztin beinhaltet und der Begleiter keinen Führerschein hat, passt das nicht. So ein Auftrag kann sich aber auch ändern. Wenn am Anfang der Wunsch an mich ist, mit dem Menschen rauszugehen und sich mit ihm zu beschäftigen, damit die Angehörigen ein wenig Freiraum haben, kann es sein, dass ‚Rausgehen' bei einer Verschlechterung der Krankheit gar nicht mehr möglich ist."

Wenn Dirk bei den Menschen ist, die er begleitet, sind viele Dinge Thema – relativ selten allerdings der Tod. „Wir sprechen nicht andauernd übers Sterben. Mit den meisten rede ich über ganz alltägliche Dinge. Es ist auch nicht so, dass die Menschen, die eine Begleitung bekommen, sofort sterben. Häufig ist das ein Prozess, der über Monate geht. Wieso sollen die Menschen also nicht noch Pläne haben und darüber nachdenken, was sie vielleicht noch tun wollen. Hospizhelfer unterstützen die Leute bei dem, was im Moment wichtig ist. Wir müssen da nicht hetzen. Bloß, weil ein Mensch sterben wird, kann er trotzdem noch andere Dinge angehen. Aber wenn das Thema Sterben auf den Tisch kommt, dann können wir vom Hospiz gut damit umgehen. Das ist der Unterschied zu einem reinen Besuchsdienst. Hospizhelfer sind geschult und scheuen sich nicht vor Tod und Sterben."

Ergänzend bietet der Hospizverein für Aufarbeitung und Austausch der Erfahrungen in den Begleitungen regelmäßige Supervisionen an.

Das eine ist der professionelle Umgang mit dem Thema. Anders ist es, wenn man selbst betroffen ist. Letztes Jahr sind Dirks Eltern verstorben. Hat die Arbeit als Hospizbegleiter diesen Verlust einfacher gemacht?

„Ich war besser vorbereitet, weil ich aus der Hospizarbeit wusste, was passiert oder was welche Diagnose bedeutet. Und ich konnte meine Eltern ein Stück begleiten, weil ich keine Berührungsängste hatte. Aber das heißt nicht, dass ich deshalb leichter mit dem Abschied umgehen konnte. Der Tod ist immer ein Einschnitt. Meine Erfahrung als Hospizhelfer macht das nicht einfacher oder schöner", fasst er es zusammen.

Mit seiner ehrenamtlichen Tätigkeit als Hospizhelfer geht er offen um. „Meine Kollegen in der Arbeit wissen, was ich mache. Das ist auch wichtig, weil ich mir regelmäßig einen Nachmittag in der Woche freinehme und kommuniziere, dass ich die nächsten Stunden nicht erreichbar sein werde. Wenn nachgefragt wird, erzähle ich mehr. Wenn nicht, dann belasse ich es dabei. Tod und Sterben sind ein unbequemes Thema. Aber mein Umfeld weiß zu schätzen, was ich tue. Und es wird dann schon mal um Rat gefragt, wenn es um schwierige Themen geht. Sie wissen, dass ich damit umgehen kann, auch über unangenehme und schwere Dinge zu sprechen."

Wie lange Dirk die Hospizbegleitung machen möchte, kann er noch nicht sagen. „Ich tue das, solange ich dazu Lust habe. Und das ist nach wie vor der Fall."

WENN NUR NOCH LACHEN HILFT

▼

Für den Abend habe ich Theaterkarten. In den Münchner Kammerspielen wird „A scheene Leich" (bairisch für „Eine schöne Beerdigung") gespielt, eine „Erblastkomödie" vom

EINEN ABSCHLUSS FINDEN

Kabarettisten Gerhard Polt und den Well-Brüdern unter der Regie von Ruedi Häusermann. Und natürlich geht es – wie der Name des Stücks schon verrät – wieder ums Sterben. Das Theater ist bis auf den letzten Platz besetzt. Die Zuschauer und Zuschauerinnen warten gespannt darauf, dass der gefeierte, mittlerweile über 80-jährige Polt die anfangs noch komplett leere Bühne betritt. Das tut er dann auch, in der Rolle des Bestatters, der gleich nach seinem Prolog verstirbt. Aber zuvor darf er noch einiges loswerden: Es wird schnell klar, dass es sich bei der Figur um den „Big Player" des Orts handelt, der aus dem Sterben Profit zieht – nicht nur als Bestatter, sondern auch als Betreiber des hiesigen Seniorenheims. Die Geschäftsidee hätte er schon als Kind gehabt, schließlich sei er neben einer Leichenhalle groß geworden. Polt in der Rolle des Bestatters erzählt blumig von einem Leichnam, den er betrachtet und dabei beobachtet hätte, wie eine Fliege den Weg in den offenen Mund des Verstorbenen fand. Manche im Publikum lachen. Andere kneten betreten ihre Hände. Dann tritt der Bestatter ab.

Gerhard Polt wechselt im Laufe des Stücks mehrmals die Rollen. Die Spielorte ändern sich. Doch eines zieht sich wie ein roter Faden durch den Abend: Musikalisch umrahmt von den Well-Brüdern zeigt das Stück auf tragikomische Weise die Abgründe rund ums Sterben. Es geht um Erbstreitigkeiten, um Moral- und Anteillosigkeit und darum, dass das Geschäft weitergehen muss – koste es, was es wolle. Am Ende bekommen die Schauspieler frenetischen Applaus und ich lasse das Gesehene teils amüsiert, teils betroffen nachwirken.

Die meisten machen sich nach dem letzten Vorhang, noch angeregt plaudernd und über das Stück philosophierend, auf den Heimweg. Ich folge einer Einladung von Michael Well, mich mit den Künstlern in der Theaterkneipe zu treffen und Gerhard Polt und die Well-Brüder persönlich kennenzulernen.

STERBEN IST EINSAMER GEWORDEN
Gesprach mit Kabarettist und Schauspieler Gerhard Polt

▼

In der Theatergaststätte herrscht reger Betrieb, als ich mich an den Tisch der Künstler setze. Neben mir nimmt Michael Well Platz, Gerhard Polt setzt sich gegenüber. Ich erzähle, dass mir das Stück sehr gefallen hat. Dass mir manchmal aber auch das Lachen im Hals stecken geblieben ist.

Gerhard Polt nickt. „Weißt du denn, was a scheene Leich ist?", will er wissen.

Ja, ich weiß das. Ich spreche Bairisch. Doch andere haben den Titel völlig missverstanden.

„Als veröffentlicht wurde, dass in den Kammerspielen ‚A scheene Leich' gespielt werden wird, hat die Presse daraus ‚Eine schöne Leiche' gemacht", meint Polt und schmunzelt.

„Aber was ist dann damit gemeint?", fragt der mir unbekannte Mann, der sich gerade auf den Stuhl neben Polt gesetzt hat und dem Gespräch folgt.

„Erst einmal: Ich mache dir jetzt keinen Vorwurf, dass du das nicht weißt", wendet Polt sich lächelnd an ihn. „Gerade in Bayern – und speziell am Land – gab und gibt es teilweise immer noch eine besondere Bestattungskultur, eine spezielle Art, wie die Gesellschaft mit dem Tod umgeht. Ich habe das selbst als Kind – sozusagen am Rockzipfel meiner Mutter – miterlebt. Und die Well-Brüder ja auch. Die haben immer bei Beerdigungen Musik gemacht. Und diese ‚Leich' umfasst alles vom Begräbnis bis zum Leichenschmaus in der Wirtschaft. Da erlebt man hautnah, wie erst getrauert wird und die Stimmung schließlich kippt. Meist in Fröhlichkeit, was ja ein gutes Zeichen ist, weil die Leute so wieder zurück ins Leben finden. Manchmal aber auch in Aggression. Besonders dann, wenn es Erbstreitigkeiten gibt und wenn viel Alkohol im Spiel ist. Dann kann so eine Leich auch durchaus in einer Rauferei enden. Aber die meisten kennen so etwas heute nicht mehr."

Ob es heute, mit weniger kernigen Traditionen, denn besser sei, will ich wissen.

Gerhard Polt zuckt mit den Achseln. „Der Stofferl Well hat mir mal von einer Beerdigung in München erzählt, bei der er Musik gemacht hat. Da lief alles ganz mechanisch ab. Ich denke, das ist heute eher üblich. Da ist alles durchgetaktet. Die Trauergesellschaft trifft sich nach der Bestattung noch kurz im Gasthaus. Dann müssen sie aber auch schnell ihren Platz räumen, weil die nächste Trauergesellschaft kommt."

Die Vorstellung, wie der Tod quasi am Fließband abgefertigt wird, erschüttert mich.

„Aber ob es früher, mit den alten Traditionen, besser war?", sinniert Polt weiter. „Das kann ich generell nicht sagen. Was ich allerdings feststelle: Die Art und Weise, wie der Abschied von einem Verstorbenen früher gehandhabt wurde, war mit Sicherheit eine Art Ventil. Da war es legitim, dass beispielsweise beim Leichenschmaus Witze erzählt wurden, dass gemeinsam gelacht wurde. Es wurden Erinnerungen an den Verstorbenen ausgetauscht. Dafür war Zeit und Platz. Und so wurde dem Menschen die letzte Ehre erwiesen. Am Ende einer Leich überwog dann schließlich bei den Hinterbliebenen die Erleichterung, selbst noch am Leben zu sein. Und früher waren mehr Menschen da, die den letzten Weg begleitet haben: Nachbarn, Paten, Freunde. Heute ist es zunehmend so, dass die Familie überall verstreut ist. Da kommen zur Beerdigung dann die Schwester aus Berlin und der Bruder aus Göttingen angereist, die sich schon ewig nicht mehr gesehen haben. Oder die Kinder kommen, die den Verstorbenen in den letzten Monaten nur hin und wieder im Seniorenheim besucht haben. Ich finde, dass das Sterben einsam geworden ist. Heute lebt die Gesellschaft anders miteinander – und sie geht auch anders mit dem Sterben um."

Das Stück „A scheene Leich" greift das auf und ist so nicht nur eine traurige Komödie, sondern auch das Spiegelbild einer entpersonalisierten Gesellschaft. Sätze aus dem Stück klingen bei mir nach. Viele Szenen basieren auf Erfahrungen und Erlebnissen von Polt und den Well-Brüdern.

Gerhard Polt ist in Altötting neben einem Friedhof groß geworden. Mit dem Finger skizziert er den bekannten Wallfahrtsort für mich auf einer Serviette.

„Schau, da ist der Kapellenplatz. Dort war die Knabenschule, auf der ich war. Da war der Schuster und dort die Metzgerei. Da war unser Haus, in dem ich aufgewachsen bin. Und über der Straße, da war der Friedhof. Die Atmosphäre, die hat mich fasziniert. Ich war häufig dort, habe meine Runde gedreht und habe natürlich auch immer wieder mal einen Blick in die Leichenhalle geworfen. Die Geschichte mit der Fliege, die einem Aufgebahrten in den

Mund geflogen ist, ist wirklich autobiografisch. Das Geräusch der Fliege habe ich immer noch im Ohr."

INNERLICH NOCH AUF DEM WEG
▼

Als ich am nächsten Tag dann endgültig nach Hause fahre, geht mir das eigentlich viel zu schnell. Nicht nur die Bahnfahrt, bei der die Landschaft vor dem Fenster geradezu vorbeifliegt, hat eine Geschwindigkeit, die sich ungewohnt anfühlt. Auch das im eigenen Zuhause Ankommen ist für meinen Geschmack gerade ziemlich rasant.

Wie sehr mich die zurückliegenden Tage in Beschlag genommen haben, merke ich daran, dass ich mich beinahe eingefroren fühle. Ich brauche Zeit, bis ich wieder in meinen Alltag passe. Viel zu sehr bin ich mit Kopf und Bauch noch auf dem Weg. Meine üblichen Handgriffe, die sonst so vertrauten Tätigkeiten, führe ich linkisch aus – als würde ich etwas erledigen, das gar nicht zu mir gehört. Vermutlich ist es häufiger so im Leben: Gewohnte Rituale, bekannte Abläufe – kurz, die alten Schuhe – passen nicht mehr so recht, wenn man Phasen im Leben hinter sich hat, die einen gefordert haben, sich auf Ungewohntes einzustellen, die einen aus dem bequemen, routinierten Alltag katapultiert haben, die – im Positiven wie im Negativen – beeindruckend und emotional berührend waren.

So begleiten mich die Themen Tod, Sterben und Abschiednehmen also immer noch, obwohl ich gar nicht mehr zu Fuß auf der Suche nach Antworten und Bewältigungsmöglichkeiten bin.

Ich versuche, mir bewusst Zeit zu lassen, um vom Jakobsweg Abschied zu nehmen. Das ist schön, traurig und spannend zugleich. Ich sehe mir Fotos an, die ich während meines Wegs an beeindruckenden Orten oder von besonderen Menschen gemacht habe. Ich sortiere mich, beginne, erste Dinge aufzuschreiben. Das dauert, doch das ist es wert. Gerade in den vergangenen Wochen habe ich gemerkt, dass es sich lohnt, sich für die wirklich wichtigen Dinge Zeit zu nehmen. Denn jede Lebenszeit ist begrenzt. Am Ende eines Tages sollte schließlich die Bilanz stimmen: Habe ich nur für das, was von mir erwartet wird, Zeit aufgewendet? Oder habe ich auch etwas gemacht, was für mich selbst Sinn macht und mir wichtig ist? Und so handhabe ich das also auch: Ich kümmere mich jetzt um ein gutes Ankommen.

Ich erzähle meiner Familie und Freunden von Erlebnissen, von Erkenntnissen und Begegnungen. Ich gehe den Weg gedanklich noch einmal. Die ersten Tage bin ich froh darüber, dass ich das nur in meinem Kopf tue und meine Beine eine Pause bekommen. Ich regeneriere langsam von den Strapazen des Jakobswegs. Doch dann merke ich, dass mir das Gehen fehlt. Also beginne ich, lange Spaziergänge zu machen und mich dem Rhythmus meiner Schritte hinzugeben – zumindest für eine Stunde am Tag.

Und ich spreche plötzlich viel häufiger über den Tod. So ist es nicht verwunderlich, dass ich den Jakobsweg im übertragenen Sinne weitergehe und mir – auch hier zu Hause – immer wieder Menschen über den Weg laufen, die sich mit Verlust, mit Tod und Trauer auseinandersetzen und besondere Wege gefunden haben, damit umzugehen. Und die ich vor meinem Jakobsweg nicht kennengelernt oder wahrgenommen hätte.

EINEN ABSCHLUSS FINDEN

So begegne ich Anja, einer großen, sportlichen und lebenslustigen Frau, die mir von Freunden vorgestellt wird. Sie ist Finanzexpertin, Coach – und Witwe.

ZURÜCK INS LEBEN FINDEN
Gespräch mit Coach und Finanzexpertin Anja Witschel

▼

Anja und ich verabreden uns auf einen Kaffee. Es fühlt sich an, als würde ich eine alte Freundin treffen. Anja ist Betriebswirtschaftlerin und arbeitet selbstständig als Finanzberaterin und Ruhestandsplanerin. Sie hat eine zugewandte Art, lächelt viel, kann gut zuhören und wirkt gleichzeitig zupackend.

Nachdem wir über alles Mögliche geplaudert haben, erzählt sie von dem wohl einschneidendsten Erlebnis in ihrem bisherigen Leben: dem Tod ihres Mannes. „Ich war 34 Jahre alt, als ich von einem Moment auf den anderen Witwe war. Mein Mann starb kurz vor seinem 38. Geburtstag an einem Herzinfarkt. Er war gesund. Kein Risikopatient. Es war völlig unerklärlich. An dem Tag, an dem es passierte, war einer meiner beruflichen Termine ausgefallen. Deshalb kam ich früher als geplant nach Hause. Meinem Mann ging es nicht gut. Ich wollte ihn ins Krankenhaus bringen. Er wollte das nicht. Es wird schon wieder werden, meinte er. Dann hat er sich ins Bett gelegt. Als ich wenig später ins Schlafzimmer kam, habe ich ihn tot aufgefunden. Ich habe den Notarzt gerufen. Der konnte nichts mehr für ihn tun. Von einer Sekunde auf die andere war alles anders. Mein Leben, das bis dahin sehr bewegt und intensiv war, legte eine Vollbremsung hin."

Anja wirkt auf mich, als würde sie kaum etwas aus der Bahn werfen. Doch der Tod ihres Ehemanns zog ihr den Boden unter den Füßen weg.

Sie holt tief Luft, ehe sie weiterspricht. „Als ich mit der Notruf-Leitstelle telefoniert habe, fragte der Mann, ob er neben dem Notarzt auch für mich jemanden mitschicken soll. Ich habe in dem Augenblick gar nicht verstanden, was er damit meinte. Irgendetwas in mir hat ‚Ja' gesagt. So kam kurz nach dem Notarzt auch ein Notfallseelsorger. Im Nachhinein sehe ich, dass ich dadurch gleich zu Beginn bestmögliche Chancen hatte, die Situation zu verarbeiten. Bis zu dem Zeitpunkt hatte ich viel mit mir selbst ausgemacht, habe wenig um Hilfe gebeten, war tough. Mein Mann und ich waren gerade ein paar Jahre verheiratet, wollten eine Familie gründen. Der Tod war da kein Thema."

Anja fixiert einen Punkt an der Zimmerdecke. Dann holt sie erneut Luft, als müsse sie Anlauf nehmen. „Dieser Notfallseelsorger jedenfalls hat es geschafft, mich zum Reden zu bringen. Wir saßen im Wohnzimmer, während Arzt und Sanitäter im Schlafzimmer alles versuchten, um meinen Mann wiederzubeleben. Der Notfallseelsorger hat immer mal wieder für mich kommentiert, was gerade im anderen Zimmer passiert, was die Geräusche aus dem Nebenraum bedeuten. Der Notarzt konnte schließlich nichts mehr tun. Der Leichnam meines Mannes wurde irgendwann abgeholt. Der Seelsorger ist geblieben. Bis in die frühen Morgenstunden. Einer seiner Sätze, der mir im Kopf geblieben ist, war: ‚Das Wichtigste ist gerade, dass Sie sich um sich selbst kümmern.' Dann hat er nachgefragt, was ich gerne mache, was mir guttut, welche Pläne ich habe. Obwohl meine Welt gerade in Trümmern lag, habe ich alle hilfreichen Impulse von ihm in einen inneren Notfallkoffer gepackt. Und habe in den Tagen und Wochen danach davon profitiert. Was sicher auch gut war: Dass ich meinen Mann tot erlebt habe. Das hört sich komisch an, aber es hat mir geholfen, zu begreifen, dass er wirklich nicht mehr am Leben war. Der Notfallseelsorger hat mich auch gefragt, ob ich mir Zeit nehmen möchte, mich von meinem Mann zu verabschieden. Ich habe mich zu ihm aufs Bett gelegt …"

Anja bricht ab. Sie braucht eine kurze Pause, um sich zu sammeln. Dann spricht sie weiter: „Ich habe meine Hand auf seine Brust gelegt. Dort, wo ich sonst seinen Herzschlag spüren konnte. Und da war nichts. Kein Klopfen. Stille."

Dieses Begreifen im wörtlichen Sinne hilft Anja, die Situation zu verstehen. Nach der Beerdigung geht sie jeden Tag auf den Friedhof, um sich immer wieder vor Augen zu führen: Das ist jetzt endgültig.

„Dass der Notfallseelsorger ein echtes Abschiednehmen ermöglicht hat, war für mich wichtig. Schließlich konnte ich auch die Hilfe meiner Familie und meines Freundeskreises annehmen. Konnte zulassen, dass sie mich aufgefangen und sich um ganz praktische Dinge, wie einkaufen oder Essen kochen, gekümmert haben. All das hat dazu beigetragen, dass ich den Schicksalsschlag nach und nach verarbeiten konnte."

Dafür ist Anja dankbar. Für die Unterstützung. Und dafür, dass sie ihren Mann am Tag seines Todes noch angetroffen und mit ihm gesprochen hat. Dass sie da war, als er gestorben ist. Und für all die Jahre, die sie gemeinsam hatten.

Gleich nach dem Tod ihres Mannes stand aber etwas anderes im Vordergrund: Anja war noch da – ihr Mann nicht mehr. Es geht ihr schlecht. An manchen Tagen kommt sie kaum aus dem Bett. „In meinem Kopf war die Hölle los. Das Gedankenkarussell drehte sich unaufhörlich. Für anderes hatte ich kaum Energien. Dieser Zustand hat eine ganze Weile gedauert. Irgendwann habe ich wieder funktioniert, war aber noch ein Stück weit davon entfernt, wieder richtig zu leben. Der Notfallseelsorger hatte mir eine Broschüre über Trauerphasen dagelassen. Da habe ich in den Wochen und Monaten nach dem Tod meines Mannes immer nachgesehen: Wo stehe ich gerade? Das war gut. Und meine Arbeit hat mir geholfen, weil sie mir Struktur gegeben hat. Und der Sport. Ich habe mich regelmäßig mit einem Kollegen zum Laufen verabredet. Ich bin ein sehr zuverlässiger Mensch. Wenn ich etwas ausgemacht habe, dann halte ich das auch ein. So habe ich mich sozusagen selbst überlistet, hatte feste Termine und einen Grund aufzustehen und aus dem Bett zu kommen."

Anja ist überzeugt: Man darf und soll nach einem Verlust wieder zurück zur Freude am Leben finden. Wer ihr dabei auch zur Seite stand, war ihr verstorbener Mann.

„Ich dachte mir, wenn er mich jetzt schon allein lassen musste, dann soll er stolz auf mich sein können, weil ich das jetzt bewältige. Das hat mich angetrieben. Ich wollte mich nicht gehen lassen."

Anja vergleicht Trauer mit einer Bergwanderung: „Der Weg ist anstrengend. Aber du würdest auch nie ohne Rucksack, ohne Proviant, ohne gute Ausrüstung aufbrechen. Diese Versorgung, diese Ausrüstung, die haben andere – aber auch vor allem ich selbst – bereitgestellt. So konnte ich meine

EINEN ABSCHLUSS FINDEN

Trauer Schritt für Schritt bewältigen. Nicht immer nur vorwärts, es gab auch Rückschritte. Mein Mann ist im Februar gestorben. Als es Frühling wurde und ich mit der Hand über das erste, zarte Grün einer Hecke gefahren bin, habe ich das genossen. Das war so ein besonderes Bild: Auch nach einem harten Winter wird es irgendwann wieder grün. Ein paar Wochen später stand ich in der sommerlichen Innenstadt, die so voller Leben war, und habe nichts als Leere gespürt, hatte keinerlei Emotionen. Als mir das bewusst wurde, war ich darüber erst einmal sehr erschrocken. Aber dann habe ich das zum Anlass genommen, wieder mehr am Leben teilzunehmen. Und gleichzeitig geduldig mit mir zu sein. Im darauffolgenden November fuhr ich mit Freunden in den Urlaub. Wir waren in Ägypten. Ich ging Schnorcheln am Riff. Da war diese unbeschreibliche Stille, diese faszinierende Unterwasserwelt. Und da habe ich mich bewusst zum ersten Mal wieder so richtig gefreut. Davon gibt es auch ein Foto: Ich mit Taucherbrille und Schnorchel und einem breiten, glücklichen Grinsen im Gesicht. Da wusste ich: Das Leben kann wieder schön werden. Nein – das Leben war wieder schön! Das war der Moment, an dem klar war: Ich war wieder da."

Anja lacht. Ein strahlendes Lachen, das voller Lebensfreude ist. „Ich glaube, es ist letztlich eine Entscheidung, Trauer zu bewältigen. Es zu schaffen. Und ich habe es geschafft", sagt sie.

Zehn Jahre nach dem Tod ihres Mannes hat Anja ihre Erfahrungen in einem Buch aufgeschrieben.

„Ich hatte das Gefühl, dass der Verlust meines Mannes noch einen Sinn haben sollte. Deshalb habe ich beschlossen, etwas weiterzugeben. In der Zeit habe ich mich auch noch einmal intensiv mit mir beschäftigt. Ich habe eine Coaching-Ausbildung gemacht. Was ich gemerkt habe: Ich kann Tod. Also, ich kann mich mit dem Thema auseinandersetzen. Und ich kann meine Erfahrungen an andere weitergeben. Mir ist klar, dass ich gute Voraussetzungen hatte, meine Trauer zu bewältigen. Auf der einen Seite, weil ich bereit war für die Trauerarbeit. Zum anderen, weil ich abgesichert war. Wenn jemand seinen Partner verliert und keine finanzielle Absicherung hat, ist das wesentlich schlimmer. Deshalb habe ich meine Verlusterfahrung auch in meinen Beruf integriert und berate Menschen, die nach einem Verlust, der auch eine Trennung oder Scheidung sein kann, ihre finanzielle Situation sortieren wollen. Oder ich weise Kunden darauf hin, entsprechend vorzusorgen. Denn auch wenn wir nicht so gerne darüber nachdenken: Sterben kostet Geld. Die Beerdigung, medizinische Behandlungen oder auch der Alltag der Hinterbliebenen, die trauern, nicht arbeiten können und wie auf Notstrom laufen. Neben der Finanzberatung biete ich seit kurzem zusätzlich ein Coaching rund um das Thema Trauer an. Weil ich selbst erlebt habe, wie wertvoll es bei einem Verlust ist, wenn man Menschen an seiner Seite hat, die das Thema Tod aushalten können. Die da sind, auch wenn es einem nicht gut geht."

Heute ist Anja wieder verheiratet.

„Als mein Mann gestorben ist, war ich noch sehr jung. Er war meine große Liebe. Und die Liebe hat ja nicht aufgehört, als er nicht mehr da war. Ich stand also da – mit all dieser Liebe. Irgendwann war ich bereit, mich auf jemand anderen einzulassen. Aber erst war ich mir nicht sicher, ob das nicht zu früh ist. Eine Freundin hat mir damals eine Weisheit ihrer Oma mitgegeben: ‚Wir haben so ein großes

EINEN ABSCHLUSS FINDEN

Herz. Da haben viele Menschen Platz.' Da war mir klar: Ich muss mir meinen verstorbenen Mann nicht aus dem Herzen reißen, wenn ein anderer Mann in mein Leben kommt. Und so habe ich mich schließlich auf diese neue Beziehung eingelassen. Ich habe mir das erlaubt. Das war etwa ein Jahr nach dem Tod meines Mannes. Noch heute bin ich immer wieder voller Dankbarkeit, nochmal eine so wundervolle Partnerschaft erleben zu dürfen."

Die Eltern ihres verstorbenen Mannes kennen ihren neuen Partner. Und sie haben Anja sozusagen den Segen für die neue Beziehung gegeben. Noch heute besucht sie ihre Schwiegereltern mehrmals im Jahr, zusammen mit ihrem neuen Mann.

„Meine Schwiegereltern und ich haben gemeinsam getrauert. Das hat uns sehr nahe zusammengebracht. Sie sind sicher: Immer, wenn ich sie besuche, kommt ihr Sohn auch ein wenig mit. Sie wollten mich nach seinem Tod weiter in ihrem Leben haben. Und ich sie in meinem Leben auch. Als ich ihnen von meiner neuen Beziehung erzählt habe, haben sie sich mit mir gefreut."

Anja nickt. Dann schweigen wir einen Moment.

Bevor wir uns schließlich voneinander verabschieden, gibt sie mir noch einen wichtigen Gedanken mit auf den Weg: „Natürlich wäre es schöner gewesen, wenn ich diesen Verlust nicht hätte erleben müssen. Aber ich habe den Brocken angenommen, den das Schicksal mir vor die Füße gelegt hat. Was ich daraus am meisten gelernt habe: Dankbarkeit für das, was war, hilft, einen Verlust zu verarbeiten. Und: Jeder Tag eines Lebens ist kostbar. Wir wissen ja nicht, wann es zu Ende geht."

MÜNCHEN – REGENSBURG

EINFAHRT INS FEUER
*Gespräch mit Stefan Vanek,
Abteilungsleiter Bestattungswesen*

▼

Als letzte Station meines Wegs besuche ich ein Krematorium. Genauer gesagt: die Feuerhalle auf dem städtischen Friedhof am Dreifaltigkeitsberg. Die Stadt Regensburg betreibt dort nicht nur das Krematorium, sondern hat auch ein eigenes Bestattungsunternehmen. So werden hier Verstorbene aus der gesamten Umgebung eingeäschert und gleichzeitig können Angehörige alle Dienstleistungen rund um eine Beisetzung in Anspruch nehmen, wenn sie dafür kein anderes Bestattungsinstitut beauftragt haben.

Ich treffe mich mit Stefan Vanek, dem Leiter der Abteilung Bestattungswesen, der schon am Eingang des Krematoriums auf mich wartet.

Als erstes nimmt er mich mit in die Trauerhalle, die sich ebenfalls im Gebäudekomplex des Krematoriums befindet. Der hohe Saal erinnert an eine Kirche. Hier gibt es große Fenster mit Buntglas-Elementen und sogar eine Orgel hoch auf einer Empore. Etliche Stuhlreihen sind nach vorne ausgerichtet – dort, wo bei Trauerfeiern die Urne oder der Sarg steht. „Trauerfeiern können hier ganz nach den Wünschen der Angehörigen gestaltet werden. Mit einem Organisten und einem Geistlichen. Oder mit einer Trauerrednerin. Und hier …" Stefan Vanek deutet zu einem großen Flatscreen an einer Seitenwand. „… können Angehörige beispielsweise Bilder oder Videos abspielen. Manchmal bringen Nahestehende auch besondere Dinge mit, die vor der Urne oder dem Sarg abgelegt werden: einen Motorradhelm, ein Spielzeug oder natürlich Blumen. Eben alles, was ihnen wichtig ist, wenn sie den verstorbenen Menschen verabschieden."

Ob eine Trauerfeier oder auch die Bestattung schließlich hier auf dem Dreifaltigkeitsberg stattfindet, bleibt den Angehörigen überlassen. Was aber immer möglich ist: sich von dem Verstorbenen zu verabschieden.

„Dafür haben wir zwei Verabschiedungsräume", erklärt Stefan Vanek. „Vor der Einäscherung bekommen Angehörige hier noch einmal Zeit mit dem Verstorbenen. Wir bereiten den Raum vor, stellen den Sarg – offen oder geschlossen – ins Zentrum, zünden Kerzen an und stellen Stühle auf. So schaffen wir einen feierlichen Rahmen, in dem Angehörige den Verstorbenen noch einmal sehen, ihn anfassen oder einfach ihre Hand auf den Deckel des Sargs legen können. Manche geben auch einen Brief oder ein Stofftier mit in den Sarg. Eine kleine Beigabe ist auf jeden Fall möglich. Es geht aber auch, dass Hinterbliebene nach der Einäscherung noch etwas in die Urne legen. Als meine Oma letztes Jahr gestorben ist, habe ich das auch getan. Die hat ihr Leben lang leidenschaftlich gerne Lotto gespielt. Ich habe ihr als letzten Gruß einen ausgefüllten Lottoschein zwischen Aschekapsel und Schmuckurne gesteckt."

Stefan Vanek schmunzelt. „Ich habe mir die Zahlen gemerkt. Der Schein hat leider nicht gewonnen."

Wir gehen durch den Flur an den Verabschiedungsräumen vorbei und gelangen zu einem kleinen Trauerraum.

„Wenn jemand die Bestattung von uns organisieren lässt und ich merke vorab, dass es vermutlich eine sehr kleine Trauergemeinde werden wird, wäre die in unserer großen Trauerhalle recht verloren. Deshalb weichen wir dann auf den kleinen Trauerraum aus."

Die vordere Wand wirkt wie ein abstraktes Gemälde. Weiße Quadrate umrahmen einen orangen Mittelpunkt, auf dem ein kleiner Sockel für die Urne steht. Die wenigen Stühle sind dorthin ausgerichtet.

„Der Raum hier ist nicht nur für kleine Gruppen, sondern auch für Trauerfeiern für Menschen, bei denen niemand kommt – also eine Bestattung von Amts wegen. Die wird dann gemacht, wenn jemand keine Angehörigen mehr hat. Oder wenn zwar noch Angehörige da sind, die aber so zerstritten sind, dass sich niemand kümmern möchte. Dann steht hier ein Pfarrer allein bei der Urne, in der die Asche eines Menschen ist, den er gar nicht gekannt hat, und spricht ein Gebet. Das dauert auch nicht sehr lange. Traurig ist das schon. 77 Jahre in sieben Minuten."

Der Arbeitsalltag von Stefan Vanek und seinen Kolleginnen und Kollegen ist vielfältig – oft auch berührend oder sogar belastend. Damit alle dem standhalten, wird regelmäßig Supervision angeboten. Und es herrscht eine gute Teamatmosphäre und die Gelegenheit, sich immer wieder auszutauschen.

„Unsere Abteilung ist schon etwas Besonderes. Wir machen etwas Gutes. Wir sind in einer schweren Phase für Menschen da. Dafür bekommen wir auch viel zurück. Die Menschen sind dankbar, wenn jemand sich kümmert und einen kühlen Kopf bewahrt."

Wenn Stefan Vanek jemand Neuen einstellt, dann kommt derjenige oder diejenige erst einmal zum Probearbeiten, damit beide Seiten sehen, ob es passt.

„Die Menschen, die bei uns arbeiten, müssen schon auch in den Bereich passen. Sie müssen empathisch sein, wenn sie mit Trauernden zu tun haben. Sich ständig mit dem

EINEN ABSCHLUSS FINDEN

Thema Tod zu beschäftigen, muss einem liegen. Wenn man das nicht aushält, dann ist man hier bei uns nicht richtig." Während Stefan Vanek spricht, tritt ein Mann auf uns zu. Es ist der technische Leiter des Krematoriums. „Wir können einäschern", sagt er und deutet nach vorne zu einer Tür. Jetzt ist mir doch ein wenig mulmig zumute. Ich darf dabei sein, wenn ein Sarg in den Brennofen gefahren wird. Wir folgen dem Mann in Arbeitshose und Poloshirt in einen gefliesten Raum. Hinter einem Absperrband bleiben wir stehen. In meinem Rücken befindet sich eine Art Kontrollraum mit Monitoren und Geräten hinter einer Glasscheibe. An der rechten Wand ist ein großes Steuerungspanel eingelassen. Hier ist alles modern und computergesteuert. Vor uns steht ein einfacher, heller Holzsarg auf einer Metallschiene. Davor befindet sich eine große Klappe aus Metall. Der Sarg ist auf der Seite beschriftet: Name, Gewicht, Nummer. Oben auf dem Deckel liegt ein runder Stein.

Stefan Vanek tritt vor, nimmt den Stein und zeigt ihn mir. „Das ist ein Schamottstein mit einer eingeprägten Nummer. Er ist feuerfest und verbrennt nicht. Der geht jetzt mit ins Feuer und wird anschließend in die Urne gelegt. So kann jede Asche eindeutig zugeordnet werden."

Vanek legt den Stein zurück. Er und der technische Leiter haben schon alles kontrolliert.

„Wir sind da sehr genau. Es darf zu keinen Verwechslungen kommen. Eine Einäscherung kann man nicht wiederholen. Einen Fehler könnte man nicht rückgängig machen."

Bevor der technische Leiter die Einäscherung in Gang setzt, möchte ich wissen, ob auch Angehörige bei diesem Akt dabei sein dürften.

Vanek nickt. „Wenn sie das wollen. Aber das sind wenige.

Für die meisten wäre das zu belastend. Aber es gibt viele, die sich über den genauen Zeitpunkt der Einäscherung informieren lassen. Damit sie beispielsweise zu Hause Kerzen anzünden können." Wir halten alle einen Moment inne und betrachten den Sarg, der gleich ins Feuer einfahren wird. Mir ist gerade sehr bewusst, dass direkt vor mir ein Mensch liegt, der nicht mehr lebt. Der vor wenigen Tagen noch geatmet, gelacht und geweint hat. Mein Hals fühlt sich eng an. Ich muss schlucken.

Auf Knopfdruck setzt sich die Sargeinfuhrmaschine in Bewegung. Der Sarg wird auf der Schiene angehoben, das schwere Metalltor fährt hoch. Ich spüre einen heißen Luftzug im Gesicht. Der Sarg wird automatisch nach vorne gefahren. Kaum ist der vordere Teil im Brennofen, fängt das Holz Feuer. Rote Flammen erhellen kurz den Raum. Ich höre ein leises Fauchen und Knistern. Dann ist der Sarg ganz im Brennofen, das Tor schließt sich und die Einfuhrschiene fährt zurück. Der Leichnam ist unwiederbringlich dem Feuer übergeben. Etwa eine Stunde dauert der Prozess.

Einen Augenblick noch starre ich auf das Metalltor. Dann wende ich mich dem technischen Leiter zu. „Wie ist das bei Ihnen?", frage ich. „Denken Sie daran, dass in dem Sarg ein Mensch liegt, wenn Sie den Mechanismus in Gang setzen?"

Der Mann schüttelt den Kopf. „Ich mache mir Gedanken, dass alle Abläufe richtig funktionieren. Wenn es ein Problem geben würde, müsste ich eingreifen. Allerdings kenne ich die Menschen ja auch nicht, die dort im Sarg liegen. Vor einem Jahr ist mein Vater gestorben. Die Einäscherung habe ich selbst übernommen. Da war das schon etwas anderes."

EINEN ABSCHLUSS FINDEN

Wir verabschieden uns von dem Techniker, der den Verbrennungsprozess weiter überwacht.

Stefan Vanek führt mich weiter – erst zu einem Raum, in dem die Verstorbenen versorgt werden, und schließlich noch zum Kühlraum. Hinter der schweren Edelstahltür ist es frostig kalt. Auf Regalen mit Rädern sind etliche Särge aufgestapelt, die auf die Einäscherung warten. Ich schicke all den Verstorbenen, die dort liegen, stumm ein paar gute Wünsche für die Reise ins Jenseits oder wohin auch immer. Stefan Vanek nickt mir zu und verschließt den Kühlraum wieder sorgfältig.

„Das ist alles schon sehr ergreifend. Gibt es bei Ihnen trotzdem auch Grund zu lachen?", frage ich.

Wie aufs Stichwort fängt er zu lächeln an. „Natürlich. Humor ist uns allen wichtig. Wenn Angehörige da sind, dann sind wir selbstverständlich ernst. Aber hinter den Kulissen gibt es zwischendurch immer mal was zu lachen. Und wir unternehmen als Team auch regelmäßig etwas zusammen. Ich finde, Spaß gehört dazu. Die Leute sollen ja gerne hier in die Arbeit kommen."

Der Rundgang ist beendet und Vanek begleitet mich zum Ausgang des Krematoriums. Als wir durch die Glastür treten, fährt gerade ein auberginefarbenes Auto – der Leichenwagen des städtischen Bestattungsunternehmens – in den Hof.

„Dass unser Leichenwagen nicht schwarz, sondern auberginefarben ist, hat einen hohen Wiedererkennungswert. So ungewöhnlich wie unser Wagen ist, so ungewöhnlich sind gelegentlich auch dessen Wege. Manchmal wünschen sich Angehörige, beim Abholen des Leichnams einen bestimmten Weg zu nehmen. Vielleicht lag da die Lieblingsbäckerei des Verstorbenen oder ein Herzensort. Dann fährt unser Leichenwagen schon auch mal einen Umweg hierher zum Krematorium."

Das ist eine schöne Idee: auf dem letzten Weg nochmal an allen wichtigen Lebensorten vorbeizukommen.

Mit einem warmen Gefühl verabschiede ich mich schließlich und mache mich auf den Weg nach Hause zu meiner Familie.

AM ENDE ÜBER DAS LEBEN

▼

Mein Jakobsweg ist zu Ende. Was als Weitwanderung begonnen hat, wurde für mich zum Pilgerweg. Dabei ging es nicht um das Pilgern im religiösen Sinne. Im Wortursprung bedeutet Pilgern – abgeleitet vom lateinischen *peregrinari* – so viel wie „in der Fremde sein". Und genau so hat es sich angefühlt: Ich war in Gegenden unterwegs, die ich zuvor noch nicht oder nicht aus der Perspektive der Fußgängerin gekannt habe. Und es fühlte sich anfangs fremd an, ständig über die Themen Tod und Sterben nachzudenken, vor allem darüber so frei zu sprechen. Aber schließlich bin ich angekommen: an meinem Ziel in St. Gallen und auch im Thema.

Menschen in meinem Umfeld, denen ich – wieder zu Hause in Regensburg – davon erzählt habe, wollten sofort wissen: Ständig den Tod im Fokus zu haben – hat dich das nicht runtergezogen? Nein, im Gegenteil! Ich habe während meines Wegs und in Gesprächen erfahren, dass es lohnenswert ist, sich dem Thema Tod zu stellen. Denn es steht ja ohnehin fest: Ich werde sterben. Und alle anderen auch. Das ist nicht verhandelbar. Es wird ständig gestorben.

Auf dem Jakobsweg habe ich gelernt: Darüber sprechen nimmt die Angst! Sobald man für etwas Worte hat, ist es weniger bedrohlich.

Und es schafft Verbindung. All die Gespräche, die ich geführt habe, waren alles andere als oberflächlich oder banal. Sie waren tief und persönlich. Und es wurde schnell klar: Niemand ist allein mit dem Thema. Der Tod geht uns alle an. Schaffen wir es, das Thema Tod zu enttabuisieren, machen wir Räume auf.

Es entsteht Platz für Neues.

Und für das Leben. Doch im Normalfall klammern Menschen – anders als die Frauen und Männer, denen ich auf dem Münchner Jakobsweg begegnet bin und die offen und ohne Hemmungen über das Sterben, über Verlust, Trauer, neue Hoffnung, neues Leben gesprochen haben – den Tod einfach aus. So, als würde es ihn nicht geben. Oder als würden wir uns davor wegducken können, wenn wir ihn nur nicht laut aussprechen.

Natürlich ist das eine Illusion. Und die wird noch weiter befeuert, indem wir den Tod heute immer mehr hinter institutionellen Mauern verstecken. Früher starben die meisten Menschen zu Hause. Heute werden die letzten Atemzüge im Seniorenheim getan, vielleicht noch im Krankenhaus oder im Hospiz. So halten wir das Thema fern. Und auch das eigene Sterben klammern wir aus. Damit wird sogar Geschäft gemacht: Unzählige Verjüngungsprodukte versprechen, dass wir nicht alt werden, uns nicht unserer eigenen Endlichkeit stellen müssen. Wir werden also dabei unterstützt, das Thema zu vermeiden und uns stattdessen ewiges Leben vorzugaukeln.

Zudem ist unser Leben heute enorm schnell: Wir haben Zeitdruck, Termine, viel zu tun. Der Tod bedeutet da eine Vollbremsung. Für den Menschen, der stirbt, sowieso. Aber auch für all jene, die zurückbleiben. Wer will das schon? Und vor allem: Wer will das schon aussprechen?

Ich denke auch, wir alle haben nicht gelernt, über den Tod zu sprechen. Wir finden blumige Umschreibungen für das Endgültige: jemand ist von uns gegangen, für immer eingeschlafen, hat sich zur Ruhe gelegt. Woher kommt es, dass wir dem Thema Tod so ausweichen? Vielleicht wollen wir den Tod nicht herbeirufen. Nach etlichen Gesprächen über Tod und Sterben kann ich aber mit Gewissheit sagen: Wenn wir über den Tod reden, stirbt dadurch niemand!

Gleichzeitig wird der Tod, weil er einen Endpunkt setzt und alle Brücken abbricht, von manchen als Scheitern empfunden. Der ultimative Kontrollverlust. Das Eine, das man nicht in der Hand hat. Und das uns deshalb ohnmächtig macht – sprachlos.

Vielleicht vermeiden wir das Gespräch über den Tod aber auch deshalb, weil es eben schmerzhaft ist, einen nahestehenden Menschen zu verlieren. Das muss man aushalten. Und genau das wollen wir heute, in einer Zeit, in der Genuss, Konsum, Bedürfniserfüllung und Optimierung großgeschrieben werden, nicht: da hingehen und hinspüren, wo es weh tut.

Ist es also besser, den Tod auszuklammern? Ihn vielleicht sogar – wenn es in unserer Macht stünde – abzuschaffen?

Auch, wenn ich erst einen Atemzug nehmen muss, bevor ich für mich selbst darauf antworte, so denke ich doch: Nein! Der Tod ist endgültig. Und er ist ein unvermeidbarer Abschied.

Jährlich sterben in Deutschland rund eine Million Menschen. Weil unsere Gesellschaft immer älter wird, wird die Zahl in den nächsten Jahren sicherlich noch steigen. Dem müssen wir ins Auge sehen. Und gleichzeitig dürfen wir eines nicht vergessen: Der Tod wertet das Leben auf. Denn weil unser Leben – das eines jeden Menschen – nicht ewig andauert, ist jeder Tag, den wir erleben, einzigartig. Keine

Situation kommt wieder. Es gibt kein Ersatzleben, wenn man mit dem jetzigen nicht zufrieden ist. Keinen neuen Versuch, wenn man Augenblicke ungenutzt oder unaufmerksam vorüberziehen lässt.

Auch wenn es absurd klingt: Den Tod zum Thema zu machen, kann dabei helfen, sich auf das Leben zu fokussieren. Sich auf den Moment einzulassen und den Augenblick zu genießen. Denn wenn man die dunklen Seiten zulässt, bekommen die helleren häufig gleichzeitig mehr Farbe. Das Leben wird bunter.

Über den Tod zu sprechen, braucht vielleicht anfangs ein wenig Mut. Vor allem, weil das Thema keinen kalt lassen wird. Dennoch ist der Tod etwas, das sowohl mit Kindern als auch mit Menschen in der Mitte des Lebens und natürlich mit Menschen am Lebensende besprochen werden kann und soll.

Wichtig ist, sich dafür Zeit zu nehmen. Über Tod spricht man nicht zwischen Tür und Angel. Und natürlich ist der Tod auch ein echter Partykiller. Aber es wird immer wieder Gelegenheiten geben, in denen Platz für die Themen Tod und Sterben sein wird. Wir machen so vieles zum Thema, was passieren könnte, was völlig vage im Zukünftigen liegt. Sterben wird jede und jeder von uns.

Ich finde, es ist höchste Zeit, den Tod zum gesellschaftsfähigen Thema zu machen. Lasst uns also reden. Über den Tod und über das Leben.